El viaje de mi padre

Julio Llamazares

El viaje de mi padre

Papel certificado por el Forest Stewardship Council®

Primera edición: septiembre de 2025
Cuarta reimpresión: enero de 2026

Printed in Spain – Impreso en España

ISBN: 978-84-204-7927-9
Depósito legal: B-12106-2025

Compuesto en MT Color & Diseño, S. L.
Impreso en Gómez Aparicio, S. L., Casarrubuelos (Madrid)

AL79279

A los que perdieron la guerra civil española,
de uno y otro bando

A los que pierden todas las guerras

Y para mis hermanos

Cuando canta el gallo negro
es que ya se acaba el día.
Si cantara el gallo rojo
otro gallo cantaría.
¡Ay, si es que yo miento,
que el cantar que yo canto
lo borre el viento!

Chicho Sánchez Ferlosio
«Gallo rojo, gallo negro»

Canción de cuna para mi padre

Sé que, una noche amoratada, te creció un fusil
entre las manos.
Fue como una primavera de fusiles nacida a
borbotones entre un brillo nervioso de cigarros.
¿Recuerdas?
Y tú, con los zapatos sucios de miedo y de tristeza, te
marchaste a pisar aquella España llena de
sangre y de inmisericordia.

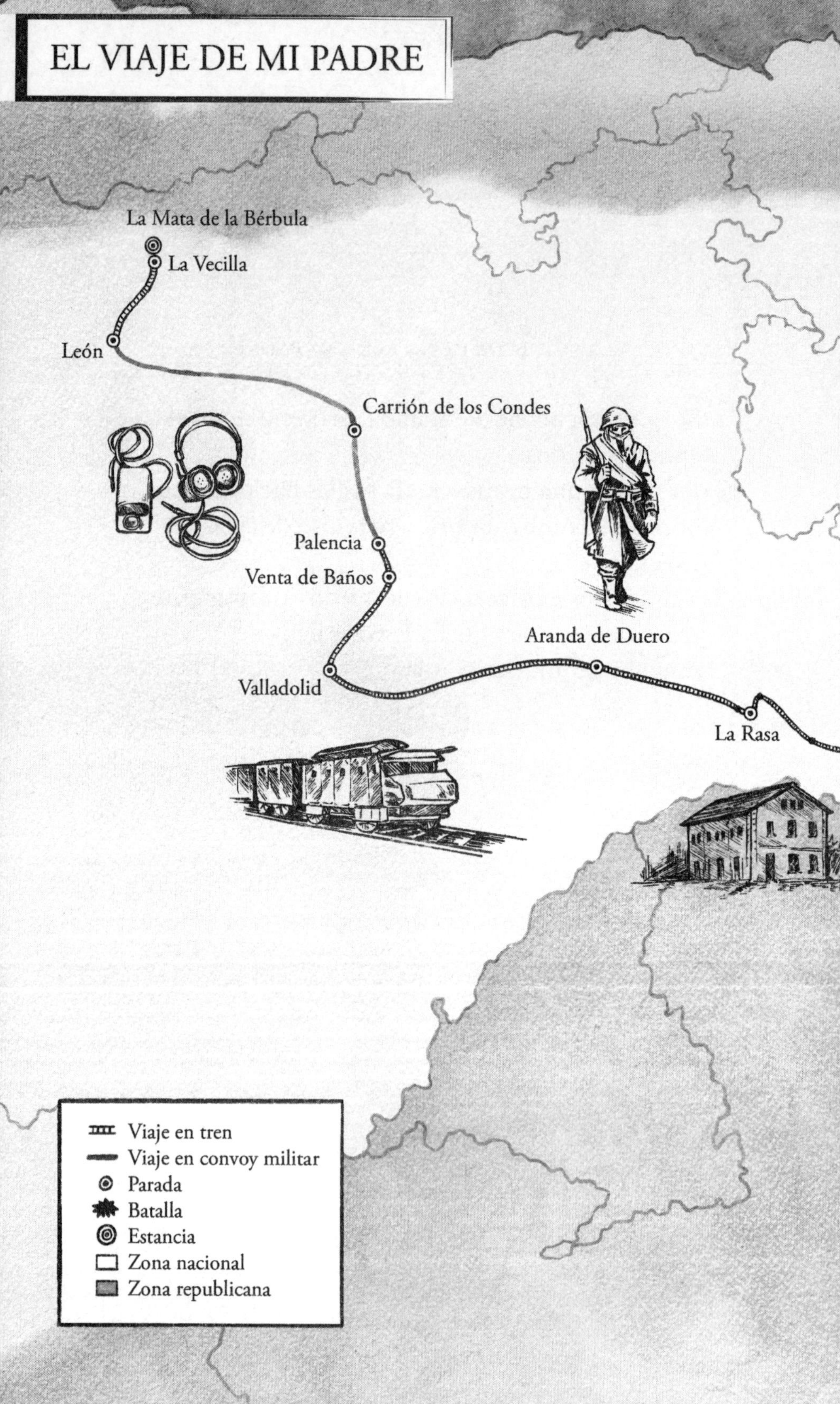
EL VIAJE DE MI PADRE
La Mata de la Bérbula
La Vecilla
León
Carrión de los Condes
Palencia
Venta de Baños
Valladolid
Aranda de Duero
La Rasa
Viaje en tren
Viaje en convoy militar
Parada
Batalla
Estancia
Zona nacional
Zona republicana

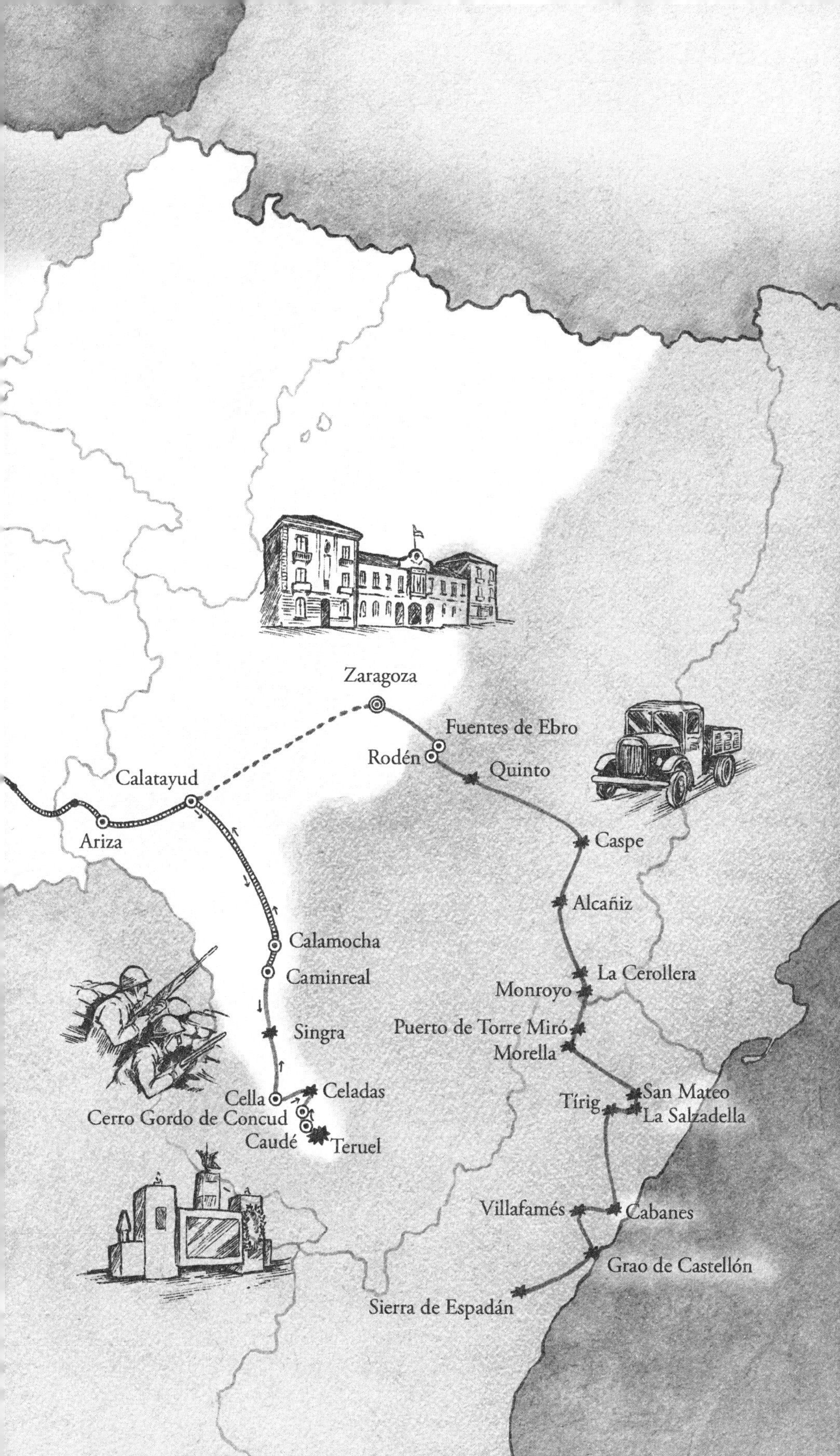
Zaragoza
Fuentes de Ebro
Rodén
Quinto
Calatayud
Ariza
Caspe
Alcañiz
Calamocha
Caminreal
La Cerollera
Monroyo
Singra
Puerto de Torre Miró
Morella
Cella
Celadas
San Mateo
Tírig
La Salzadella
Cerro Gordo de Concud
Caudé
Teruel
Villafamés
Cabanes
Grao de Castellón
Sierra de Espadán

Preámbulo

Mi padre apenas viajó. Solamente, ya jubilado, en una ocasión a Cuba para visitar a una hija que hacía allí una especialización médica y algo, muy poco, dentro de España. Pero con dieciocho años hizo por obligación un viaje que le llevó a cruzar la península ibérica de extremo a extremo y que le marcaría por siempre, pues fue para ir a la guerra, de la que volvió milagrosamente, ya que le tocó participar en algunas de las peores batallas de la contienda civil española: la de Teruel y la de Levante, con un punto de inflexión en la sierra de Espadán, en la provincia de Castellón, donde a punto estuvo de perder la vida. La conservaron su compañero radiotelegrafista y él gracias a la picardía de uno de los dos, nunca supe cuál, que de una patada rompió la radio con la que el capitán de su compañía se comunicaba con su superior, por lo que, ante su inutilidad allí, quedaron exentos de seguir internándose en una sierra que se había convertido en el infierno de tantas bombas como caían. De su compañía, de hecho, se salvaron sólo mi padre y su compañero y tres o cuatro docenas de soldados más.

Como sucede siempre, cuando mi padre me contaba esas historias yo no le hacía mucho caso (recuerdo, sí, escucharle hablar del frío de Calamocha y del descubrimiento del mar en el puerto de Castellón, un mar que tanto Saturnino, su compañero radiotelegrafista, como él veían por primera vez a casi mil kilómetros de su provincia) y ahora me arrepiento de ello, pues me gustaría saber más detalles de aquel viaje bélico, algo que ya no es posible. Mi padre murió pronto (con setenta y seis años, en 1996) y sus recuerdos quedaron en ese limbo de la memoria en el que se desvanecen las vidas de los que nos precedieron y a los que no escuchamos cuando estaban vivos. Luego nos arrepentimos de ello y, como yo ahora, tratamos de reconstruir sus pequeñas historias con los retazos de lo que se quedó en el aire y aún alcanzamos a recordar. Por desgracia, éste es nuestro destino como generaciones, un destino que se repite y se repetirá siempre.

Pero por suerte para mí el azar a veces se alía con la necesidad. Cuando uno busca un camino suele acabar encontrándolo y así me sucedió a mí. Cuando ya daba por definitivo el olvido en torno a las andanzas de mi padre por la guerra, una mañana de verano en un bar de La Vecilla, en León, en el que compraba el periódico y ponía sellos a mi correspondencia, pues era también estanco, el dueño me presentó a un hombrecillo que tomaba un vino en el mostrador. ¿Sabes quién es éste?, le dijo el dueño del bar-estanco al hombrecillo por mí. El señalado, ya anciano, me miró con curiosidad. Tenía unos ojos vivaces y se le veía fuerte a pesar de su edad: debía de rondar los ochenta y cinco años pero se expresaba con seguridad y aplomo. Y con un vocabulario digno de un profesor o maestro de los de los antiguos tiempos. Lo era.

Maestro como mi padre, del que fue, más que un amigo, un hermano, según me contó él mismo. Saturnino Díez Tascón, maestro de Aviados, una aldea cercana a La Vecilla y a La Mata de la Bérbula, el pueblo de mi familia paterna y donde yo estaba entonces de vacaciones, era, en efecto, el amigo del que mi padre tanto me habló, su compañero de profesión y de estudios antes de acceder a ella y, en la guerra, su inseparable cómplice, pues como radiotelegrafistas fueron juntos todo el tiempo, uno portando la radio y el otro manejándola a las órdenes del superior militar que les asignaran. A finales de 1937, cuando los dos estudiantes de Magisterio contaban dieciocho años, se alistaron voluntarios al Ejército a instancias de un tío mío movilizado en el bando nacional desde el principio de la contienda y conocedor de que a la quinta de mi padre y Saturnino la iban a movilizar también. Presentándose voluntariamente podían elegir destino y no ir de carne de cañón a Infantería, que era el peor de todos. Y así, un día del otoño de 1937, los dos jóvenes salieron de sus aldeas en la montaña de León para incorporarse en Carrión de los Condes, en la provincia de Palencia, al Regimiento de Transmisiones allí acantonado tras su huida de El Pardo, en Madrid, donde tenía su sede antes de la guerra y adonde volvió después. Saturnino me lo contaría con todo detalle cuando, recuperado el hilo de la memoria de sus aventuras bélicas y las de mi progenitor, le visité en Aviados, cosa que repetiría todos los veranos mientras vivió, en la casa que fuera de sus antepasados, solo, pues se murió soltero. No hubo ninguna que me quisiera, sonrió con resignación cuando le pregunté el porqué de su soledad.

En honor de Saturnino y de mi padre, que apenas estrenada la mayoría de edad hubieron de vivir una guerra, pero también por recorrer paso a paso un territorio, el que atraviesa la espina dorsal de la península ibérica, que sintetiza como muy pocos su esencia, me he propuesto llevar a cabo un viaje por él y hacerlo en los mismos meses en los que Saturnino y mi padre lo hicieron llevando a cuestas una de aquellas pesadas radios italianas con las que se comunicaba el Ejército español en los años treinta del siglo XX, para sentir lo que ellos sintieron siquiera sea referido al clima. Por el camino, también, quizá encuentre las historias que mi padre me contó y a las que yo no presté atención como haría ahora si pudiera y que la geografía y los paisajes conservarán aún flotando como una pátina sobre ellos, pues la historia permanece en los lugares en los que sucedió como las palabras bajo la memoria.

I. Un viaje de invierno
(enero de 2024)

El viento cortante resultaba especialmente duro. Nada servía de protección contra las ráfagas heladas que llegaban aullando desde el norte y que atravesaban todas las capas de ropa, por muchas que fueran. Los ojos se nos llenaban constantemente de lágrimas por lo intenso del dolor; los dedos de las manos se nos hinchaban y se nos dormían y de los pies desaparecía toda sensación que no fuera una frialdad glacial insoportable. Nos costaba respirar y no nos podíamos detener en ningún sitio para mirar por los prismáticos porque el viento nos zarandeaba [...]. Aquel viento había estado rugiendo a más de ochenta kilómetros por hora durante los cuatro largos días de la batalla, durante dos de los cuales nevó con fuerza mientras en el suelo todo se convertía en hielo.

Herbert L. Matthews,
periodista de *The New York Times*
destacado en la batalla de Teruel

La trinchera en la familia

«Pintado en el resol sobre la loma, / recóndito y escueto el cementerio, / donde queda en perpetuo cautiverio / un sueño abandonado a la carcoma...».

Los versos que José Antonio Llamas escribiera para mí hace ya veintiocho años resuenan en mi cabeza mientras me acerco después de subir la cuesta al pequeño camposanto de La Mata de la Bérbula, donde mi padre reposa en la misma tierra en la que nació por expresa voluntad suya. Me he acercado a visitarlo esta mañana de enero en la que el sol, aunque con menos fuerza, resplandece como aquella de agosto de 1996 en la que lo trajimos a enterrar aquí: «Ninguna a tu semblante grave y serio / fiera emoción ni lágrima se asoma, / gran alquimista que en tu gran redoma / del alma fino auscultas el misterio» continuaban los versos de «El poeta entierra a su padre», el poema que Llamas escribió aquella mañana mientras los familiares y los vecinos enterrábamos a mi padre en la sepultura que ahora contemplo en mitad de las tumbas de este pequeño cementerio que Unamuno llamaría corral de muertos. Entre sus cuatro muros de piedra, dominando el valle y las montañas de alrededor, bajo un cielo azul brillante que resalta el perfil de la más alta al norte, la puntiaguda peña de Valdorria a la que sirve de protección la oscura peña Morquera, guardiana aún de trincheras de la lejana Guerra Civil que allí excavaron soldados republicanos en sus inicios, las sepulturas y los nichos se alinean como en un libro de piedra que hay que saber leer para entender la vida de este lugar que ahora habitan más muertos que vivos, como en todas las aldeas de la zona. La lectura de los nombres remueve en mí recuerdos, los de los hombres y las mujeres que los llevaron en vida, pero a cualquiera le bastarían para entender la humildad de sus existencias y su anonimato acrecentados en algunas tumbas por el abandono que la maleza delata sobre sus perfiles. Como las cruces rotas o desaparecidas ya. Entre ellas, la de mi padre, que yo mismo planté en la tierra siguiendo su petición, exhibe, en cambio, claramente su nombre y apellidos así como las dos fechas a las que se circunscribió su vida: «Nemesio Alonso Díez. 3 de setiembre de 1919-7 de agosto de 1996. Descanse en paz».

He venido fuera de época, a meses del verano en el que con él y con los vecinos de La Mata compartiré un año más estos paisajes que me enseñó a mirar y a querer, para contarle mi intención, que nunca imaginaría, y para confesarle mi arrepentimiento por no haberle escuchado como debía cuando recordaba historias de aquella aventura suya que ahora pretendo reproducir con los pocos datos que he reunido. ¡Cuánto no daría por poder volver a escucharle aquellas historias que me contaba cuando era adolescente y que hablaban del frío y de la guerra, dos circunstancias que determinarían su vida! Porque si el frío le acompañó siempre por las aldeas en las que ejerció su profesión de maestro, todas en la montaña de León, una provincia que nada tiene que envidiar al Teruel donde combatió en la guerra un invierno en el que los termómetros llegaron a los veintidós grados bajo cero, la contienda civil le marcó como a millones de españoles, a él con particular dramatismo: la trinchera ideológica que los dividió en dos bandos mi padre la vivió en su propia familia, pues dos hermanos suyos combatieron en uno y otros dos en el contrario. Con sólo dieciséis años cuando se produjo el golpe militar (el alzamiento para los vencedores), a mi padre le tocó quedarse en casa con sus padres, que ya eran muy mayores, hasta que la evolución de la guerra y su prolongación en el tiempo lo llamaron a filas.

Todo esto lo pienso mientras contemplo su sepultura, alargada como él era y con las flores de noviembre ya resecas, y cuando, después de escuchar un rato el silencio, el único que habita este lugar en el invierno, salgo del cementerio evocando la mañana de verano en la que me despedí de él con las últimas estrofas del soneto de mi amigo Toño Llamas: «Ninguno aquí hallarás, rural poeta; / el alma ya no está en estos despojos / sino en la gran memoria que te inquieta / Este tu padre que se hincó de hinojos / como el pintor que arroja la paleta / sólo es un sueño que anidó en tus ojos». El valle al que se asoma el cementerio y el monte en el que se recuesta, y en el que unas cuantas colmenas, ahora de mi amigo Juan, el albañil, pero que en tiempos fueron de mi familia, acompañan a mi padre y a los muertos de La Mata en su silencio, me reciben en la puerta con la imperturbabilidad de lo que ya es eterno, tan eterno como esa carretera que conduce hacia la aldea, cuyos primeros tejados se ven ya cerca. Más allá, en la dirección del río cuya trayectoria marca una cenefa de chopos ahora desnudos de hojas, se oye el silbido de un tren como si la mañana quisiera subrayar la hora en la que comienzo el viaje que me llevará a cruzar España de punta a punta siguiendo las pisadas de ese hombre al que acabo de contarle mi intención: las doce de la mañana de un día de enero que por la temperatura no lo parece.

En la casa familiar, a la que llego sin encontrar a un solo vecino (la mitad están cerradas), el termómetro, no obstante, contradice mi impresión. Cerrada desde el verano, el frío llena las habitaciones aumentando la sensación de humedad. Con el resplandor del sol que, al abrir ventanas y puertas, la atraviesa parece desaparecer pero ahí seguirá, agarrada a los muros, cuando las vuelva a cerrar hasta que regrese otro día. Que no será muy pronto, pues para la primavera quedan aún cuatro meses. Entre tanto, como siempre, los muebles y los objetos me seguirán esperando también como hicieron con mis padres antes de que yo naciera. Durante décadas han sido fieles a esta pequeña casa de campesinos que en tiempos muy lejanos fue también la escuela de mi abuela María, a la que no llegué a conocer, y que mis padres reformaron luego para pasar en ella las vacaciones, como yo hago también desde entonces. Y no sólo por fidelidad a ellos, sino por combatir a los fantasmas que amenazan a esta casa y a esta pequeña aldea que, de no ser por los descendientes de los que la construyeron hace ya siglos, que regresamos a ella cada vacación, ya habría desaparecido quizá. Por eso, siempre que vuelvo me acuerdo de Miguel Torga, el poeta portugués que en sus *Diarios* dejó escrito un pensamiento que me repito a mí mismo siempre que llego a esta casa. Es la respuesta que le dio a un periodista que le preguntó si volvía a São Martinho de Anta, la aldea en la que él nació, buscando la inspiración: «No —le contestó Miguel Torga—, vengo a recibir órdenes». «¿Órdenes de quién?», le preguntó el sorprendido periodista. «De mis antepasados», le dijo Torga.

Desde el corredor que se abre al jardín que hoy ocupa el primitivo corral, se ven la vega de La Mata y el caserío de La Vecilla al fondo y la ribera del río Curueño hasta que desaparece al sur, cerca ya de su unión con el Porma. Como desde el cementerio, el paisaje está triste en este tiempo, falto de la vegetación que en verano lo cubre de felicidad. Qué pensaría mi padre la mañana en la que se fue de aquí, asomado, pues estoy seguro de que se asomó a mirar el paisaje como yo ahora antes de despedirse de sus padres, que le verían partir afligidos, pues era el único hijo que permanecía con ellos, alejados los demás por el vendaval del tiempo en el que les tocó vivir. Después de un año de guerra se habrían acostumbrado a la incertidumbre de no saber qué sería de ellos, pero la partida del más pequeño debió de ser un golpe definitivo para mis abuelos, que de repente se encontraban solos y sin saber qué sería de sus cinco hijos. Cuatro de ellos (todos excepto mi padre, que aún debía de ser muy pequeño por entonces) posan en una de las fotos que heredé con el álbum familiar al lado de mi abuelo en la era en la que trillaban el trigo en un verano feliz y el retrato de uno de ellos cuelga de la pared donde siempre estuvo. Fue el único que nunca volvió, pues desapareció en la guerra. Todos los demás lo hicieron, aunque ninguno de ellos vive ya para poder contármela.

Mi padre tampoco vive, pero su presencia se siente en esta casa aún, no en vano fue el que más la habitó, y más esta mañana en la que he venido para repetir el viaje que él hizo hace ochenta y seis años partiendo de ella. ¿Qué pensaría al cerrar la puerta detrás de él como yo hago ahora y al embocar el camino que conduce a La Vecilla, en aquel tiempo de tierra y flanqueado por negrillos y animado, como el pueblo, por los vecinos que entonces llenaban sus casas y que irían y vendrían a sus ocupaciones, no como ahora, que apenas se ven ni perros, y qué pensaría al dejar atrás esta aldea en la que nació y vivió hasta que fue a estudiar a León dejando a sus padres solos hasta que la guerra le obligó a volver? ¿Qué sentiría aquel casi adolescente caminando en solitario hacia un destino del que lo ignoraba todo pero que enfrentaría con miedo, pues ya conocía lo que era la guerra? Ahí estaban sus hermanos desperdigados por los distintos frentes para saberlo y ahí estaba detrás de él, en las trincheras de peña Morquera, el eco de los disparos que durante algunos meses obligaron a evacuar La Mata, que se quedó vacía entre los dos bandos hasta que los republicanos se vieron forzados a retroceder aún más hacia el norte.

El tren de La Vecilla

—¿Qué haces por aquí? —me pregunta en el bar Las Hoces de La Vecilla, frente a la estación del tren, Carlos *Quitapenas*, un vecino de La Mata que ahora vive en La Vecilla y que es el único cliente del bar esta mañana cuando yo llego. Carlos trabajó en la FEVE, la antigua compañía del ferrocarril hullero, como su padre antes que él.

—Dando una vuelta —le digo, porque no le voy a contar la verdad. Ni él la comprendería ni a mí me apetece hacerlo.

Así que no le digo que en la estación del tren que se alza enfrente de nosotros y que Carlos conoce mejor que yo, puesto que trabajó en la empresa, cogió mi padre el que le llevó a León, de donde partió hacia Carrión de los Condes, el pueblo de Palencia en el que estaba en aquel momento el Regimiento de Transmisiones en el que se había alistado ante la posibilidad de ser reclutado para Infantería, cosa que habría ocurrido casi con toda seguridad. Puede que lo cogiera con Saturnino, su amigo y compañero de estudios y de decisión, aunque quizá éste se subiera al tren en su pueblo, a cuatro kilómetros de aquí. Sea como fuese, el adiós de verdad de mi padre, más allá del kilómetro de camino que separa La Mata de La Vecilla y que haría andando con el petate a cuestas, como todos los soldados, comenzó en esta estación de tren que hoy espera solitaria la llegada de unos convoyes en los que apenas viajan personas, pues los pueblos de su recorrido están vacíos y, cerradas ya las minas, no transportan el carbón que fue el motivo de que se construyera. Por las ganas yo me subiría a él, pero, como he venido en mi coche, no podré hacerlo.

El tren llega a las dos (se cruza con el que viene de León) y yo lo acompaño durante un rato disfrutando del paisaje que atraviesa, un paisaje que conozco desde siempre así como las aldeas que vamos dejando atrás, él por la vía y yo por la carretera: Campohermoso, Aviados, La Valcueva, Robles, Matallana... Al pasar frente a Aviados tengo un recuerdo para Saturnino, que desde el año 2014 reposa en un nicho del cementerio que visité al poco de terminar un verano en el que él ya presentía su final (al menos así me lo dijo cuando me despedí de él: «El próximo verano ya no vuelvo»), y en La Valcueva y en Robles otro para los mineros que, junto con los campesinos de la zona, dieron prosperidad a estos pueblos y al tren que los transportaba de un sitio a otro: «Éste es un tren de campesinos viejos / y de mineros jóvenes. / Se ve algo que une / más que la sangre y la amistad. / Es una cosa del cuerpo y del alma. / Es grande y dolorosa...», resuena en el paisaje el poema de Antonio Gamoneda, quien lo escribió cuando, siendo joven, viajaba también en el tren. El paisaje no ha cambiado, pero las aldeas sí aunque conserven sus nombres. Pese a que al cruzarla, tanto los viajeros del tren como yo apenas veamos personas por sus calles y caminos ni en los prados en los que pastan caballos y vacas inmóviles: «Cruzan los pueblos de sonido humilde / —Pardavé, Pedrún, Matueca—; / las casas montan las paredes tristes / sobre el espacio de las huertas; / vemos las calles en silencio, vemos / la iglesia muda y las cerradas puertas. / Esto es un pueblo; se construye a base / de paciencia y tierra...» suenan de nuevo los versos de Gamoneda sobre el invernal paisaje mientras yo trato de imaginar lo que pensarían mi padre y Saturnino mirándolo desde el tren que los llevaba hacia León como a mí hoy esta carretera por la que circulo sin apenas cruzar otros vehículos, prueba de que en los pueblos queda ya poca gente. Tanto los campesinos como los mineros jóvenes se han ido a la ciudad.

Ésta aparece al final del recorrido del tren y de la carretera que me lleva a mí, poco a poco rodeada de chalés y de construcciones nuevas. Como todas las ciudades, León se ha extendido fuera de su primitivo recinto y ha invadido los pueblos de su extrarradio, que ahora ya forman parte de la ciudad, si bien mantengan aún características de su antigua alma rural. Entre ellos avanzan el tren y la carretera sorteando obstáculos cada vez mayores. De hecho, el tren ya no llega hasta el centro de León, donde tiene su última estación, ahora se para en un apeadero, el que lleva el nombre de la Asunción, y desde allí los viajeros son transportados hasta la estación central en autobús. Aunque los leoneses no pierden la esperanza de que el tren vuelva a llegar hasta allí, todo indica que para los dirigentes de FEVE de momento esa posibilidad es remota o al menos así lo creen quienes trabajan a sus órdenes, como el hombre que atiende al público en la vacía y abandonada estación: «Yo creo que no va a volver», me contesta. Se refiere al tren, cuya presencia y sonido añoran estas instalaciones centenarias y los vecinos y antiguos viajeros, que ahora miran el andén desierto con melancolía, resignados a contemplarlo así. Nada que ver con la bulliciosa estación en la que Saturnino y mi padre se apearon al final de su viaje desde La Vecilla la mañana que yo hoy rememoro.

Con sus petates se bajarían del tren y con ellos cruzarían el vestíbulo entre los demás viajeros (seguramente habría muchos militares, era el año 1937) y saldrían a la plaza, hoy convertida en jardín, a la que la estación de la línea León-Bilbao se asoma y cuya soledad comparte con ésta cuando yo hago lo mismo que ellos después de contemplar durante un rato el andén desierto. Como la estación, el jardín también da muestras de abandono, pues a algún banco le faltan elementos y la hierba crece a su antojo. Sobre ella, una serie de aparatos destinados al ejercicio físico esperan a que alguien los use y lo mismo sucede con los poemas grabados en el suelo y en el pedestal del centro de poetas de la ciudad, que también esperan a que alguien los lea. A falta de viajeros y de vecinos curiosos, solamente yo me entretengo en descifrarlos mientras los peatones que van y vienen por las dos calles contiguas pasan ajenos a mí. Embozados y abrigados con ropa oscura en su mayoría, le dan a la ciudad un aire del este de Europa, no de ciudad española.

«Con el tren se aleja / algo cierto que no puede ser pensado, / es algo mío y no me pertenece. / Está dentro y fuera de mi corazón», leo en una de las inscripciones mientras cruzo el jardín sintiendo que lo hago acompañado por las sombras de dos jóvenes, dos estudiantes de Magisterio que ni siquiera sabrían cuando ellos lo cruzaron que muy cerca de este sitio, en la sombría cárcel de Puerta Castillo, al otro lado de San Isidoro, y en el cuartel de San Marcos, hoy hotel de cinco estrellas pero entonces también siniestra mazmorra, miles de republicanos se hacinaban a la espera de su fusilamiento o juicio, muchos de ellos de su edad. ¡Pobres Nemesio y Saturnino camino de una guerra que ya mostraba su peor rostro en esta ciudad por la que yo ahora camino buscando el eco de aquellos tiempos! Porque el poema de Antonio Gamoneda aún no concluyó del todo: «Éste es un tren de campesinos viejos / y de mineros jóvenes. Aquí / viaja también algo desconocido. / Si supiésemos qué, algunos de nosotros / sentiríamos vergüenza y otros esperanza...».

—¿Tú crees que merece la pena escribir la vida de uno? —me pregunta una mujer que me saluda y a la que me cuesta mucho reconocer. Hacía ya años que no la veía.

—Si te apetece escribirla, sí; si no, no —le respondo.

León en invierno

Apenas a cien metros de la estación de la antigua FEVE, también llamada de Matallana por los leoneses por ser el nombre del primer pueblo importante del recorrido del tren en su ruta hacia Bilbao, está el edificio que sustituyó al que albergó el Gobierno Militar en tiempos de la República y de la Guerra Civil, es decir, cuando mi padre y Saturnino acudieron a él para alistarse voluntariamente en el Ejército. Hoy, el nuevo edificio acoge un supermercado y pisos de vecindad, por lo que no lo reconocerían, como tampoco reconocerían la calle del Padre Isla, una de las principales de León, ahora tres veces más larga de lo que sería entonces. Pero no es difícil imaginarlos a ellos petate en mano recorriendo la distancia hasta el Gobierno Militar en cumplimiento de la orden que les habría llegado a sus casas para su movilización. Los imagino siendo recibidos por el soldado de vigilancia de la puerta, quizá más de uno, pues la guerra proseguía, y entrar en el edificio con el nerviosismo de quien se sabe ya sometido a la voluntad de otros. Qué pasaría a partir de ahí ya es más difícil de imaginar para mí, pues ni siquiera sé si los llevaron a Carrión de los Condes directamente cuando se presentaron ese día o si, por el contrario, permanecieron en León algún tiempo. De ser así, lo habrían hecho en el cuartel del Cid, sede del regimiento militar que controlaba León desde que se levantó contra la República en los primeros días de la asonada y cuyo antiguo solar lo ocupa hoy un jardín adosado a la muralla medieval que sustituyó a la original romana, tantas veces destruida y remendada a lo largo de su historia. Desde él, en camiones del Ejército, puesto que a Carrión de los Condes no hay tren, viajarían con los demás aspirantes a radiotelegrafistas que, como mi padre y su amigo, se habrían alistado también voluntariamente. Todo esto lo pienso mientras contemplo la calle del Padre Isla llena de coches y de viandantes y el edificio que sustituyó al Gobierno Militar, de cuya presencia aquí pocos tienen memoria ya. Yo, de hecho, he tenido que pedir ayuda a un amigo historiador para enterarme de ello, pues en ningún plano antiguo de la ciudad aparecía. Y lo mismo la Caja de Reclutas, donde también pudieron presentarse mi padre y Saturnino, quién lo sabe, borrado ya el edificio del mapa urbano de León como tantos otros. En su lugar, el casino de juego de un hotel comparte calle con el nuevo Gobierno Militar, de arquitectura franquista como corresponde a la época en la que se construyó: años cuarenta del siglo xx, y al nombre que la calle mantiene todavía a pesar de la Ley de Memoria Democrática en vigor: del General Lafuente, el militar que se sublevó contra la República en León y en cuyas manos recae la responsabilidad de los cientos de fusilados sin juicio en aquellos días, entre ellos las principales autoridades civiles de la provincia.

Ochenta y ocho años después de aquello, nadie se acuerda ya en León del general Lafuente salvo por la calle que perpetúa su nombre ni del cuartel del Cid, hoy ocupado su solar por el jardín en el que apenas tres jóvenes se entretienen fumando esta mañana, pues el frío no anima a disfrutar de él, al margen de unas palomas que buscan entre la hierba algo que comer. Difícil imaginar que aquí se alzó un cuartel militar, aquella enorme «cuadra sobre la que se alargaban los dormitorios de la tropa, más importante la cuadra que éstos, y los caballos de los oficiales mucho más que los soldados» que describió algún testigo de ello y en la que recalarían mi padre y Saturnino si es que no fueron llevados a Carrión apenas se presentaron en el cuartel. Como no se lo pregunté ni al uno ni al otro, ahora lo tengo que imaginar y eso hago mientras contemplo este jardín en el que las estatuas y un trozo de canalización romana de piedra, resto de las que hubo en la ciudad, que fue un campamento militar en su origen, tratan de darle una antigüedad que no tiene, puesto que es de los años setenta, cuando se derribó el cuartel del Cid. Es lo que pasa por no escuchar cuando puedes hacerlo: que luego te arrepientes de ello.

Pero ya es tarde para lamentaciones. Fuera como haya sido el paso de mi padre y de Saturnino por León, lo que es cierto es que de aquí partieron para Carrión de los Condes y que no regresaron hasta año y medio después tras cruzar España entera en mitad de una guerra cuyo recuerdo aún se atisba en una ciudad que, a pesar de no haberla vivido directamente, sufrió la represión que provocó, pues a ella trajeron para encarcelarlos y fusilarlos en muchos de los casos a miles de combatientes republicanos que quedaron atrapados en las montañas del norte de la provincia tras la caída del frente que en ellas quedó fijado desde un principio y que se desmoronó en octubre de 1937; es decir, poco antes de que mi padre y su amigo Saturnino partieran para Carrión de los Condes en un camión del Ejército desde León. Las palabras de Antonio Gamoneda vuelven a sonar en mi cabeza mientras camino por la calle Ancha, la antigua vía principal romana, en dirección a la catedral: «Sucedían cuerdas de prisioneros; hombres cargados de silencio y mantas. En aquel lado del Bernesga los contemplaban con amistad y miedo. Una mujer, agotada y hermosa, se acercaba con un serillo de naranjas; cada vez, la última naranja le quemaba las manos: siempre había más presos que naranjas. / Cruzaban bajo mis balcones y yo bajaba hasta los hierros cuyo frío no cesará en mi rostro. En largas cintas eran llevados a los puentes y ellos sentían la humedad del río antes de entrar en la tiniebla de San Marcos, en los tristes depósitos de mi ciudad avergonzada...».

Pero han pasado ochenta y seis años, casi un siglo desde aquellos hechos que rememoro con las palabras de Gamoneda pero que nadie a mi alrededor identificaría con la ciudad que esta mañana de invierno asiste indiferente a mi presencia y a la de la comitiva que, a paso más rápido que el mío, se dirige hacia la catedral, alfa y omega de este León que aún conserva su trazado antiguo, la cuadrícula del campamento romano que fue su origen. Al frente de la comitiva, al adelantarme, distingo a un político que desde la oposición aspira a llegar a ser un día el presidente del país, y alrededor de él, a varios de su partido, todos pugnando por estar próximos. Al parecer, vienen de celebrar una reunión y se les ve contentos. Detrás de ellos, algunos policías cuidan de su seguridad, que nadie amenaza hoy, pues apenas hay peatones caminando por la que durante muchos siglos fue la calle principal de la ciudad y hoy lo es ya sólo en su mitología. La comitiva va tan deprisa que a mitad de la calle la pierdo de vista y, cuando llego a la plaza de la catedral, ya ni siquiera está allí. Habrá entrado a visitar el templo antes de ir a comer.

—No, han ido a comer directamente —me dice un policía al que le pregunto, sin disimular su ironía ante mi ingenuidad. Lo hace señalando el restaurante al que han entrado, justo enfrente de la casa donde vive Antonio Gamoneda.

Como no estoy invitado ni en el restaurante ni en casa de éste (lo estaría si lo hubiese llamado, al menos a un vaso de vino), entro a tomarlo en un bar de los muchos que pueblan León, uno desde el que se contempla esa gran rosa de piedra sobre la que la luz de enero pone su aura temblorosa mientras trato de imaginar ante ella a mi padre y a Saturnino mirándola con la admiración que sin duda debió de despertar en ellos cuando la vieron por primera vez como a mí me sucedería muchos años después y que posiblemente evocaron con añoranza en más de una ocasión cuando, en las trincheras heladas de Teruel o en los barrancos ardientes por el fuego del sol y de las bombas de la artillería enemiga de la sierra de Espadán, soñaban con esta ciudad tranquila en la que habían estudiado cuando la guerra aún era una palabra que sólo aparecía en su libro de Historia.

—¿Qué va a querer de tapa? —me pregunta el camarero sin saber que mi pensamiento está ahora muy lejos.

—Me da igual —le digo por no pensar.

Carrión de los Condes, un pueblo sin tiempo

La mañana en la que viajo a Carrión de los Condes, Palencia, el paisaje apenas se ve por la niebla. Es la mañana siguiente a la que llegué a León pero no tiene nada que ver con ella. La niebla ha caído sobre la meseta y el sol tímido de ayer es ya una anécdota en mi recuerdo. Salvo la carretera nada se ve ni se intuye.

Hasta Sahagún, donde paro a poner gasolina en una estación de servicio alejada del pueblo, el recorrido en coche se me asemeja, pues, a una ensoñación e igual me sucede después, ya que la niebla continúa hasta Carrión. En total son noventa kilómetros de niebla apenas interrumpida por los vehículos con los que me cruzo, que no son muchos, y por los letreros difuminados de los lugares que voy dejando a los lados de la autovía: pueblos, ríos, yacimientos arqueológicos... Junto a la carretera, en algunos tramos, discurre el Camino Francés a Santiago, pero esta mañana no hay un solo peregrino haciéndolo. Si los hay, deben de estar esperando a que la niebla levante para no hacer el trayecto sin ver el paisaje que cruzan.

A mí me sucede eso, pero no me importa mucho, porque lo conozco como si lo estuviera viendo. No en vano he circulado por esta carretera muchas veces y en todas las estaciones, por lo que no necesito ver el paisaje para saber cómo es: una parda y ondulada paramera que sólo en primavera reverdece y a la que desde la lejanía, al norte, vigila la cordillera Cantábrica, de la que bajan los ríos que la fertilizan en algunas zonas. Contándolos desde Sahagún, el Cea, el Valderaduey, el Sequillo, el arroyo de la Cueza, el río Seco, el Carrión... El Carrión es el más grande de todos y por eso ha dado origen al pueblo más importante de esta comarca terracampina, como se la conoce desde antes de que se crearan las provincias y la dividieran entre varias de ellas. Aunque venido a menos como los demás, Carrión de los Condes sigue siendo la capital de su parte norte por población e historia: «Se encuentra en la comarca natural de Tierra de Campos. Su casco urbano, a orillas del río Carrión, conserva varios edificios religiosos medievales de importante valor artístico y es lugar de paso para los peregrinos que recorren la ruta francesa del Camino de Santiago. El municipio incluye la pedanía de Torre de los Molinos y varios núcleos diseminados, además del propio Carrión de los Condes. Es cabecera del partido judicial de su mismo nombre...», leo en mi guía antes de entrar en el pueblo, detenido mi coche ante los muros del monasterio de San Zoilo, su mayor y más famoso edificio, en tiempos considerado el más importante cenobio de la provincia de Palencia y hoy convertido en un hotel. Construido extramuros del pueblo, del que lo separa el río, impone por su grandiosidad incluso hoy, que, al estar el hotel cerrado por vacaciones, no se pueden ver sus jardines ni su fachada más destacable. Es lo que tiene viajar en esta época, pienso mientras lo contemplo tratando de imaginar su interior y sus tiempos de esplendor. Y, también, recordando que a él venían cada día junto con sus compañeros del Regimiento de Transmisiones caminando desde el pueblo mi padre y su amigo Saturnino para recibir clases de radiotelegrafía, morse, señales de espejos y de banderas, según me contó éste, que, ya viejo, aún presumía de que, como mi padre y él tenían el bachillerato, no les costó aprender y se hicieron «buenos radiotelegrafistas». En cualquier caso, cerrado el hotel, nadie los recuerda ya y menos las monjas del convento próximo, nueve peruanas y tres españolas, según me dice una de las primeras, de nombre sor Isabel, a través del torno por el que me despacha la caja de pastas que le he pedido —de las muchas variedades que se ofertan—, sólo por tener una excusa para hablar con ella. La monja, que lleva en Carrión veinticinco años, todos aquí encerrada voluntariamente, no parece interesada por lo que fuera de su convento pueda ocurrir, aunque sí conoce la historia del de San Zoilo. Me cuenta que fue de los jesuitas, que lo recuperaron después de la desamortización del siglo XIX, pero que también se fueron y ahora es un hotel. Lo que pasa es que estos días está cerrado por vacaciones y no podrá visitarlo, me advierte. Una lástima, le concedo a sor Isabel sin decirle que conozco el monasterio de San Zoilo y que lo que me ha traído a Carrión no es el turismo precisamente.

—Y el colegio de los Maristas ¿dónde está?

—En el pueblo —me responde ella antes de añadir que está cerrado también.

Con mi caja de Dulzuras del Carmelo, que me ha costado seis euros (muy poco para lo que me cundirá), vuelvo a la calle y a la explanada a la que se enfrentan los dos monasterios, y al final de la cual está el puente sobre el río Carrión que conduce al pueblo que le dio su nombre. Junto al río se ve ahora a un operario que realiza labores de limpieza en la ribera con una máquina gracias a que la niebla se ha disipado por fin. Incluso se ve el caserío de Carrión al otro lado del puente con las torres de sus iglesias dominando su perfil. El pueblo no es muy grande, así que en seguida lo cruzo entero desembocando en una avenida en la que estaciono el coche después de no poder hacerlo en las estrechas calles del centro ni en su plaza principal, que está ocupada por otros. En el lado opuesto de la avenida, la muralla de Carrión deja sitio a una puerta medieval junto a la que se afanan varios trabajadores que al parecer la están rehabilitando en este momento. Los carteles de la obra así lo pregonan.

Mientras miro a los obreros, llega por la calle abajo un hombre con boina con el que crucé en el centro del pueblo al pasar en el coche. Aprovecho para preguntarle por el antiguo colegio de los Maristas, pues ya sé que está cerrado. Me lo confirma al tiempo que me confía que él estudió en el colegio dos años y también en el monasterio de San Zoilo, ya que fue seminario menor algún tiempo. El hombre no es de Carrión (es de Valcabadillo, junto a Saldaña, me dice), pero lo conoce bien y se ofrece a acompañarme hasta el colegio, pues va en esa dirección.

—Está aquí cerca. —Me señala con la mano al fondo.

Llegamos en cinco minutos. El hombre de la boina, que fue agricultor, ha venido a Carrión a hacer gestiones relacionadas con su nueva actividad de jubilado: esculturas a partir de los hierros de la maquinaria agrícola ya inservible. Quiere exponerlas en la Casa de la Cultura de Carrión, me dice, pero no consigue que le den una respuesta. Carlos de Andrés, que tal es su nombre, no parece muy contrariado por ello, no obstante. «Fui sindicalista, estoy acostumbrado a pelear», me dice con una sonrisa.

Charlando llegamos ante el colegio de los Maristas, un edificio rectangular al que da paso un jardín, los dos en parecido grado de abandono, y a cuya izquierda se alza la fábrica de una iglesia que parece estar a punto de caerse. Sobre la espadaña, empero, hay tres nidos de cigüeña que esperan a que lleguen sus constructoras sin preocuparse de la ruina sobre la que están puestos.

—Éste es —me dice Carlos de Andrés contemplando el edificio de ladrillo en el que estudió dos años, entre los ocho y los diez. Aunque no estaba interno en él, me aclara—. Yo estaba de patrona en casa de una señora muy religiosa que nos hacía ir a misa todos los días antes de venir al colegio —dice con una sonrisa.

Carlos de Andrés se va en busca de su coche y yo me quedo mirando el colegio, cuyos grandes ventanales dejan ver sus largos pasillos, de suelo hidráulico original. Sobre la puerta, un letrero señala que el antiguo colegio marista es ahora un albergue para jóvenes, pero por el aspecto del edificio no parece que esté funcionando tampoco. Junto al portero automático, entre el timbre original y ya inservible y un buzón, un cartelito indica, no obstante, que en la primera planta hay una oficina. Toco el timbre del portero y una voz femenina me responde. Me dice que no puede abrirme, pues ellos son de una empresa ajena al albergue, que —me confirma— ya no funciona. Pese a mi insistencia, la mujer se resiste a dejarme entrar, pero al final accede gracias a la intervención involuntaria de un chico que trae un paquete y que la obliga a bajar a abrir. Raquel, que así se llama la mujer, consiente en dejar asomarme al vestíbulo para ver un poco el colegio, que, me repite, está vacío completamente. Sólo estamos nosotros en la primera planta, asegura, el resto como lo ve. Pese a ello le agradezco a la mujer la deferencia de dejarme ver los pasillos por los que en sus mejores tiempos debieron de transitar centenas de colegiales, aspirantes a maristas que a saber qué sería de ellos, y, durante algunos meses, los soldados del Regimiento de Transmisiones que ocupó una parte del edificio, según un fraile marista que aquí estudió en los años de la guerra y que desde su destino en Chile, ya viejo, lo recordaba en un testimonio: «Los tres años de Seminario Menor que viví en Carrión estuvieron marcados por la Guerra Civil, pero todos los seminaristas nos sentíamos muy cuidados por los Hermanos, que eran para nosotros como auténticos padres en esos momentos de serio peligro. Tuvimos conocimiento de una iniciativa que tomaron los Hermanos para que el Ejército Nacional no ocupara toda la casa de nuestro Seminario. Corríamos el peligro de ser mandados a nuestras casas, pero los Hermanos entregaron algunas salas y recibidores a los soldados, con quienes convivimos en mucha armonía». Parece que aún hoy se escucharan las voces de unos y otros contemplando este edificio ahora vacío que merecería un mejor destino por su tamaño, que para sí quisieran muchos hoteles, sin contar el del convento de San Zoilo, que le dobla o le triplica en extensión. El problema es que Carrión no da para tanto hotel, a lo que se puede ver.

—El pueblo está medio vacío —me dice una mujer a la que le pregunto por su salud demográfica a la vista de tanto local cerrado como me encuentro.

En el café España, a esta hora, no obstante, no parece que tengan problemas de clientela. Al contrario, el local está lleno de gente que toma el caldo que, al parecer, es obligado tomar en invierno, algunos acompañándolo de un pincho de tortilla como hago yo. Desde que desayuné en León han pasado varias horas y mi estómago empieza a pedir socorro. Aunque no soy el único al que le pasa eso. La mitad de los presentes, muchos de ellos viajeros que esperan los autobuses para Palencia, Guardo o León, cuyos horarios muestra un cartel en una pared, comen también pinchos de tortilla, que, como el caldo, debe de ser especialidad de la casa. Está rica, la verdad.

El paseo por Carrión confirma lo que la señora de antes me comentó de su decadencia. En la calle principal, que comunica el arco de la muralla y la preciosa iglesia que le da el nombre (la de Santa María, románica, del siglo XII) con la plaza Mayor y, atravesada ésta, con el norte de la villa, los negocios cerrados se suceden dando a aquélla una impresión de estar en venta o en cierre por defunción. Y eso que junto a la iglesia de Santa María se mantiene el mercado semanal que contra viento y marea (y la niebla esta mañana) pone sus puestos al aire libre todos los jueves. En la plaza Mayor, en el despacho de venta de loterías al que entro para comprobar un décimo del Niño que aún llevo sin mirarlo en la cartera (como esperaba, nada me tocó), la lotera me dice que en Carrión todos deben de ser ricos a juzgar por la cantidad de negocios que han cerrado por vacaciones en este mes. Porque parece que no todos lo están definitivamente. Después de las Navidades hay mucha gente que coge vacaciones, me dice la lotera, envidiosa o resignada porque ella no puede hacer lo mismo que los demás. Algo que le sucede también a la responsable de cuidar de la iglesia de Santiago, plaza Mayor adelante, hoy apartada del culto y convertida en museo a pesar de ser la mejor de Carrión. Pese a que apenas hay peregrinos en este tiempo, y turistas menos aún, la mujer está obligada a cumplir con el horario que le imponen aunque por las ganas cerraría también. Ya le queda poco, la animo antes de volver afuera para admirar la bellísima fachada de la iglesia, una de las principales joyas del románico palentino, que es tanto como decir del país entero. Mientras que en la arquivolta del arco de medio punto de la puerta se representan los oficios medievales de Carrión en veintidós figuras, a cuál más expresiva y más hermosa, en el friso superior lo que se representa es la Jerusalén celeste con los apóstoles y evangelistas y Cristo en su Majestad, es decir, el famoso Pantocrátor que ha hecho de esta iglesia y de Carrión un destino obligado para los enamorados del arte románico.

Calle adelante, pasado el tramo más animado comercialmente, que es el que va de la iglesia de Santiago hasta su final, desemboco ante otra iglesia, esta de construcción más reciente pero de mayor volumen, ante la cual una escultura recuerda la importancia que Carrión tuvo en la historia, pues el inmortalizado en ella fue nada menos que el primer arzobispo de Filipinas, cosa que a la poca gente que pasa no parece importarle mucho, como le sucedía más atrás a la del marqués de Santillana, el de las serranillas famosas, pues nadie se para a mirarla. Enfrente de la escultura, en cambio, un bar de nombre extrañísimo: Chanffix, está lleno de gente, lo que me convence para entrar en él. Es la hora de comer y Carrión ya está visto, me parece.

La decisión es todo un acierto. Pues no sólo puedo comer en él y muy bien, sino que además el dueño es un excelente conversador que me cuenta muchas cosas de Carrión, entre ellas que el Regimiento de Transmisiones llegó aquí después de una huida azarosa desde su sede en El Pardo a través de la sierra de Madrid y de algún tiempo acantonado en Segovia. Él, claro está, no vivía (tendrá mi edad más o menos), pero su madre, que murió hace un mes con noventa y ocho años, me dice, le contó la revolución que supuso entre las jóvenes del pueblo como ella la estancia de los soldados del regimiento durante la guerra. Lástima que entre las docenas de fotos antiguas que cubren las paredes del local no haya ninguna en la que aparezcan, aunque sí las hay del colegio de los Maristas, pero con seminaristas. El resto son imágenes de Carrión entre las que abundan las del equipo de fútbol del pueblo en diferentes épocas de su historia y de fiestas y de orquestas musicales, una de ellas la que compartió nombre con el bar, pues sus miembros eran los tíos del dueño. «A toda la familia nos han llamado los Chanffix desde siempre», me dice despidiéndome en la puerta y reclamándome que, cuando publique el libro que me ha traído a su pueblo, venga a traérselo, que él me invitará a comer.

—Prometido —le digo echando a caminar hacia mi coche.

Trenes bajo la niebla

Desde Carrión de los Condes, un día de enero de 1938, apenas un par de meses después de haber llegado a la villa, mi padre y Saturnino, según relato de éste, fueron llevados en camiones junto con otros soldados del Regimiento de Transmisiones hasta Palencia, desde donde partirían en tren en dirección a Teruel, ciudad en la que (imagino que ya lo sabrían) se estaba librando desde hacía semanas una batalla encarnizada entre tropas republicanas procedentes de Levante y la guarnición franquista que la defendía, acorralada y mucho menor en número. La batalla de Teruel, que pasaría a la historia como una de las más terribles de la guerra civil española no sólo por el número de soldados muertos en su transcurso, sino por las circunstancias climatológicas en las que se libró, con intensas nevadas y temperaturas que llegaron a alcanzar los veintidós grados bajo cero, había comenzado a mediados de diciembre cuando, en una operación decidida y realizada por sorpresa por los mandos del Ejército Popular de la República, ochenta mil milicianos atacaron la pequeña ciudad aragonesa, cuya importancia estratégica, y, por lo tanto, el número de militares encargados de su defensa, era muy escasa, lo que la convertía en una presa fácil para los atacantes. La razón de la operación, según los historiadores, era, por una parte, distraer la presión que el Ejército de Franco había comenzado a ejercer sobre Madrid acumulando tropas en las provincias limítrofes tras sofocar los últimos brotes de resistencia republicana en el frente del norte y, por otra, lograr un golpe de efecto moral y propagandístico de cara a su propio ejército y a la imagen de la República en el extranjero arrebatándoles a los franquistas una capital de provincia aunque fuera pequeña como Teruel. Pero la reacción de Franco no se hizo esperar y en sólo unas semanas cien mil soldados se dirigieron hacia la capital bajoaragonesa, entre ellos los del Regimiento de Transmisiones de Carrión al que pertenecían mi padre y Saturnino, con lo que el golpe de efecto que preveían los mandos republicanos se transformó en la batalla más cruel y sangrienta de toda la guerra civil española. Franco no podía permitir una humillación como la de Teruel dado su orgullo de militar victorioso por más que sus generales le aconsejaran seguir con el plan de conquistar Madrid.

Imagino la emoción y el miedo con los que mi padre y sus compañeros del Regimiento de Transmisiones viajarían en aquellos camiones por esta carretera por la que ahora yo voy mirando el paisaje, que no es otro que la vega del Carrión, el río que atraviesa la provincia de Palencia de norte a sur. Como cuando ellos la vieron, la vega está incultivada, pues es invierno, por lo que poco cambiaría de esta que ahora yo miro mientras conduzco iluminada por un sol desvaído que pronto desaparece tras una niebla que va espesándose a medida que desciendo hacia Palencia dejando a un lado y otro letreros que señalan la presencia de lugares de gran resonancia en la historia de la provincia y de todo el país: Villalcázar de Sirga, Amusco, Paredes de Nava... En Paredes de Nava nació Jorge Manrique, recuerdo al leer el nombre mientras evoco a mi padre recitándonos en voz alta a sus alumnos en la escuela las famosas coplas que aquél dedicó a la muerte del suyo («Nuestras vidas son los ríos / que van a dar en la mar...»), y me da por pensar que lo que yo estoy haciendo es escribir otra copla al mío, sólo que muchos años después de su muerte.

Palencia no tarda en aparecer en medio de la llanura que el río Carrión y el canal de Castilla, su afluente artificial, fecundan, pese a que hoy sea la industria automovilística la que da vida y trabajo a sus vecinos, apenas setenta y cinco mil en total. Aun así, ha de ser muy diferente de la que mi padre y sus compañeros del Regimiento de Transmisiones de Carrión verían cuando llegaron a ella y lo mismo la estación del tren, entonces fuera de la ciudad y hoy, en cambio, rodeada de edificios y jardines además de modernizada y ampliada para acoger los trenes de alta velocidad que circulan entre Madrid y el norte de la península. Nada que ver con aquel al que mi padre y sus compañeros subieron después de descender de los camiones en los que viajaron desde Carrión de los Condes con sus petates y sus pertrechos de radiotelegrafistas. Y nada que ver tampoco conmigo, que, sin urgencias ni órdenes que obedecer, me dedico a pasear por la ciudad durante un rato, primero por el entorno de la estación, hoy un jardín con árboles muy cuidados aunque desnudos por ser invierno, y luego por la vecina calle Mayor, donde están los principales edificios de Palencia, muchos de ellos modernistas, así como algunas esculturas que recuerdan a sus figuras históricas tanto famosas como populares (un vendedor de periódicos y una castañera, por ejemplo), y por la que, a pesar del frío, pasean muchos palentinos mirando los escaparates y saludando a los conocidos como en la película de Juan Antonio Bardem a la que tituló pese a que las autoridades de la ciudad le impidieron rodarla en ella como era su intención. Mirando a los paseantes, la mayoría de ellos vestidos con ropas oscuras y con expresión de frío y aburrimiento, además de la película de Bardem yo me acuerdo de los versos del poeta y farmacéutico local José María Fernández Nieto que resumen el espíritu de su ciudad como pocos: «Aquí, donde la vida se pasa sin sentirla / y la muerte se siente sin pasarla». Aunque también servirían para describir a todas esas ciudades del interior, de Castilla especialmente, por las que viajaré estos días y en las que parece que se ha parado el tiempo hace mucho.

Cuando regreso a mi coche, que dejé enfrente de la estación, el día empieza a desvanecerse (es enero, el mes con menos horas de luz), lo que, sumado a que la niebla ha caído más aún, hace que la visibilidad sea ya muy poca. La propia estación del tren es un dibujo borroso y lo mismo los edificios que la rodean y los que me acompañan en mi salida de la ciudad, en algunos de los cuales ya han empezado a encenderse las luces. El ruido de un tren al pasar me despide, pues hasta Venta de Baños la autovía a Valladolid acompaña a las vías como hizo siempre la carretera.

Pero no se ven ya ni una ni otras. La niebla está tan cerrada que de la carretera apenas alcanzo a ver unos pocos metros y de la vía y del paisaje menos. Los letreros de Venta de Baños y Valladolid se suceden cada poco entre la niebla confirmándome que voy en la buena dirección, pero todo es una cuestión de fe. Como la existencia real de los pueblos que anuncian otros letreros y entre los que destaca uno por su nombradía histórica: Dueñas. De otro, Villamuriel de Cerrato, aunque nunca he estado en él, sé que es la sede de la factoría de coches de la que vive media Palencia pero también el lugar en el que se representó por primera vez una obra de teatro en castellano; una obra escrita por un tal Gómez Manrique, tío del autor de las famosas *Coplas* y sobrino del marqués de Santillana, el de las serranillas. Se ve que a la familia se le daban bien las letras.

La estación de Venta de Baños, otrora conocida como el principal nudo ferroviario del norte por confluir en él todos los trenes que circulaban por la meseta y por servir de centro de descanso y de avituallamiento a sus trabajadores, se me aparece como una fantasmagoría al final de la carreterilla que me sacó de la autovía de Valladolid, pues apenas si se ve por la niebla. Sólo sus mortecinas luces y su silueta, que se asemejan a las de un campo de concentración. Frente a la estación, la sucesión de bares cerrados, de estética y nombres ya muy antiguos, no contribuye a humanizar la imagen, al revés. El lugar, bajo la niebla, parece abandonado y fantasmal. E igual sucede con la estación, que imaginaba llena de gente y actividad pero que esta tarde sólo acoge en su vestíbulo a un africano que está sentado con una bolsa a los pies mirando su móvil mientras espera no se sabe a quién. Todo tiene un aire de decadencia, como de estar al margen del tiempo, quizá también de la realidad.

Pero los trenes pasan. Su ruido rompe el silencio de este lugar cada poco aunque ninguno se detiene en la antaño importantísima estación de Venta de Baños. Pese a su actual soledad y apariencia, tan estratégica era que, en la Guerra Civil, el edificio era defendido por ametralladoras, según testimonio de Saturnino que refrendé luego en los libros de historia. Hoy es difícil imaginarlo y más con esta niebla tan intensa, pero a la llegada del tren de Palencia en el que venían mi padre y él debieron de encontrar este lugar lleno de militares y de camiones, un anticipo de lo que encontrarían en su recorrido por las sucesivas vías por las que viajarían hasta Teruel.

Lo que tampoco se ve por la niebla es el pueblo. Debe de estar muy cerca, pero salvo unos edificios fantasmales como el que parece ser una residencia de ancianos al fondo de un descampado rectangular Venta de Baños no se adivina siquiera. Lo cual aumenta mi sensación de estar fuera del mundo o cuando menos en un mundo irreal. Y, lo peor, de que difícilmente encontraré ese sitio en el que tomar un café que confiaba hallar aquí, pues todo está cerrado alrededor de la estación y dentro de ella. Menos mal que, cuando ya estoy a punto de irme convencido de que Venta de Baños no existe, una chica que aparece entre la niebla para coger un tren que por lo visto pasará ahora me saca de mi error y me dice que el pueblo está aquí cerca y que detrás de sus primeras casas, esas que se adivinan entre la niebla, hay un bar abierto: el Orense. Tiene que estar abierto seguro, me dice la chica, que es de Venta de Baños y de familia de ferroviarios, como casi todo el pueblo.

—Pues empezaba ya a creer que no existía —le confieso.

—Pues no es pequeño —me dice ella con cierto orgullo entrando en la estación.

El bar Orense, que en seguida encuentro (en la niebla la luz de sus cristaleras atrae como un imán), es de la época de los que están cerrados enfrente de la estación, pero continúa en activo, no así la mayoría de los clientes que hay en su interior a esta hora, muchos de ellos jugando a las cartas, por las edades que tienen ya. Los únicos jóvenes son unos pocos hombres que toman café en la barra y la que los atiende, una mujer rubia y muy animosa que va y viene de un lado a otro continuamente. Todo tiene un aspecto demodé, como de bar de pueblo de los sesenta o de estación antigua de viajeros, que es lo que es en verdad. Aquí —me contarán mañana en Valladolid— se inventó el famoso *fuel* que tomaban los ferroviarios para entrar en calor en los días de invierno cuando todos los trenes hacían escala en Venta de Baños y el pueblo estaba lleno de trabajadores del ferrocarril, no como ahora, que apenas quedan unos pocos. Una fórmula que inventó el dueño del bar Orense mezclando orujo blanco y orujo con café que traía de su región y que quizá tomaron también los soldados que, como mi padre y sus compañeros del Regimiento de Transmisiones, aquí embarcaron para la guerra en vagones de ganado con los que atravesaron toda Castilla por la antigua línea de Valladolid-Ariza, hoy abandonada ya, en un viaje que duró veinticuatro horas, según recordaba Saturnino. Pero, como yo desconozco aún la historia del *fuel*, me conformo con un café normal, que tomo mientras observo este bar tan fuera del tiempo como los clientes que en él permanecen al margen del mundo, un mundo inexistente como Venta de Baños, al que la niebla ha borrado hoy de la realidad.

La línea de Valladolid-Ariza

De Venta de Baños a Calatayud, el convoy militar que llevaba a la guerra a los soldados del Regimiento de Transmisiones de Carrión, mi padre y su amigo Saturnino entre ellos, siguió la vía hacia Madrid, pero en Valladolid se desvió por una perpendicular a ella que hoy ya no podría tomar, pues se cerró al tráfico de viajeros hace treinta y nueve años. Era la vía de Valladolid a Ariza, en la provincia de Zaragoza, que tantas mercancías y personas transportó desde su inauguración en 1895, y cuyo deterioro comenzó, al parecer, en los años de la guerra, pues por ella el ejército sublevado movió cantidades ingentes de militares y maquinaria de guerra por unir la meseta norte con Aragón y el valle del Ebro y por estar toda ella en zona franquista y alejada de los frentes en activo. Tras treinta años cerrada, la línea, como sus estaciones, ha sufrido una degradación inevitable, como compruebo en la de La Esperanza, que así se llama la de Valladolid y a donde me acompañan esta mañana mi hermano Manolo, en cuya casa dormí, y su amigo Pedro Díez, con el que queda dos o tres días por semana para andar, cosas de los jubilados. Entre la espesa niebla, que sigue agarrada al suelo, mi hermano y su amigo Pedro me recuerdan con sus gorros, aun a pesar de la diferencia de edad, a mi padre y a su amigo

Saturnino paseando por las vías abandonadas y cubiertas de matojos y entre los edificios que componen el conjunto del complejo ferroviario (muelles de carga, almacenes, depósitos de agua...), también en avanzado estado de deterioro. Lo que debió de ser esta estación y lo que es, pienso mirándola desde lejos, admirado de la solidez del edificio, de piedra blanca de sillería como todos los que veré a lo largo de la línea. Al parecer, esta de La Esperanza fue la última en cerrarse, pues, aun clausurada la línea, siguió prestando servicio durante un tiempo a la antigua factoría de Renault, que estaba aquí cerca, según me cuenta Pedro, que trabajó en ella hasta su jubilación.

—¡Anda que no corrí yo por aquí cuando la huelga de 1974 delante de la policía! —recuerda con nostalgia de sus años jóvenes mirando el andén desierto y las instalaciones ferroviarias abandonadas y silenciosas.

Dejo a mi hermano y a Pedro con sus recuerdos de juventud y me dispongo a recorrer los doscientos cincuenta kilómetros que al parecer tuvo y tiene la línea de Valladolid a Ariza como mi padre y sus compañeros del Regimiento de Transmisiones hicieron para ir a la guerra, sólo que ellos en vagones de ganado y yo en coche. El mes del año es el mismo, pero la diferencia de temperatura es mucha. A pesar de la niebla no hace demasiado frío y cuando se disipe hará menos aún.

La primera estación después de la de Valladolid es la de Laguna de Duero, a siete kilómetros de la ciudad, pero decido saltármela por su proximidad a ésta. Siendo unas treinta las estaciones que encontraré a lo largo de la línea no me detendré en todas, pues tardaría más en llegar a Ariza que mi padre y sus compañeros de expedición en el convoy militar que los trasladó hasta allí. Sí lo hago en la siguiente, la de Tudela de Duero, un pueblo que ha crecido mucho por su cercanía a Valladolid. En Tudela la niebla ya ha empezado a levantar, por lo que el pueblo se distingue bien. Pegado al río Duero, que ciñe su casco antiguo, Tudela se está despertando cuando entro en él y cuando lo atravieso camino de la estación. Está pasado el río, al sur de la población, en lo alto de una pendiente que hoy ocupa una urbanización moderna. Así que pocos vecinos me encuentro que me encaminen hacia la estación: la mujer del despacho de pan junto al que detengo el coche (al lado de una ermita de ladrillo muy robusta, demasiado robusta para ser una simple ermita), una joven con un perro y un hombre que vacía un saco de hojas en un contenedor de residuos. Es el que me indica la estación al final de la calle en cuesta al tiempo que me anticipa su deterioro: «Ahí está, para perpetua memoria», me dice.

La definición no es hueca. Porque la estación de Tudela de Duero, que da la espalda al pueblo porque mira a la vía que pasa detrás de ella, está, comparada con la de Valladolid, en un grado de abandono que justifica la frase del de las hojas. Sobre las vías crecen ya árboles, no matojos, y todo el edificio da muestras de decrepitud. Ni el letrero con el nombre de Tudela conserva ya su color y del reloj que fuera su joya faltan hasta las agujas. Algo que veré repetido a lo largo de toda la línea, pero que aquí me impresiona más, pues es la primera estación en la que lo contemplo. Parece que en vez de cuarenta años haya pasado un siglo.

Traspinedo, Sardón, Quintanilla de Onésimo (de Abajo hasta que, tras la Guerra Civil, le cambiaron el nombre por el del falangista Onésimo Redondo, nacido en la localidad), Quintanilla de Arriba... Siguiendo el Duero y entre pinares, el antiguo tren de Ariza cruzaba la ribera que hoy es famosa en el mundo entero por sus vinos, pero que en los años treinta del siglo XX, cuando mi padre pasó por ella, apenas serían conocidos en Valladolid. Muchas de las bodegas en las que maduran son herederas de las de los monasterios cuyos monjes plantaron las primeras cepas y cuyos nombres siguen unidos a los de los vinos, como este de Santa María de Valbuena ante cuyo camino de entrada paro mi coche, al lado de un gran pinar, para fotografiar la vía del tren, que por aquí se conserva íntegra, prueba de que nadie se fija en ella. En la llanura su horizontalidad conmueve tanto como su soledad en medio de los viñedos y de los pinos esta mañana de invierno en la que ni unos ni otros lucen sus mejores galas.

A Peñafiel le sucede igual pese a que su castillo sigue dominando el pueblo, que también ha crecido mucho gracias al vino, aunque está más animado que los anteriores; incluso en sus afueras, en el entorno de la estación del ferrocarril de Ariza, hoy ocupado por grandes naves, algunas de ellas bodegas como la de Tomás Postigo, que abre sus puertas a pocos metros y en la que los trabajadores se afanan ahora con el vino. Enfrente de la bodega, la abandonada estación (de primera categoría en la calificación de la antigua línea) parece un barco a la deriva, rodeada como está de yerbajos y matojos y de maquinaria oxidada y ya inservible. Es una pena, me dice un hombre que sale con una caja de vino de la bodega de Tomás Postigo y que resulta ser el propio Tomás Postigo en persona, un hombre afable y conversador que en seguida me cuenta cuál es su mayor frustración:

—Llevo años pidiéndole a la RENFE que me la venda o me la alquile para hacer un hotel en ella —me dice por la estación, un fabuloso edificio de piedra blanca de sillería, como el de La Esperanza de Valladolid—. Pero no hay manera de que me hagan caso.

—Pues se va a caer.

—¡Claro que se va a caer! Como se han caído ya muchas en toda la línea. Y es una lástima, porque son unos edificios magníficos —dice Tomás Postigo mirando el que ve a diario deteriorarse frente a la puerta de su negocio.

Caídas o a medio caer veré ya algunas estaciones entre Peñafiel y Aranda, que está apenas a media hora de coche, pero que el convoy en el que iban mi padre y sus compañeros hacia Teruel tardaría en hacer mucho más. En Aranda pararon para que el tren cambiara de locomotora (era la principal estación de la línea, donde estaban los hangares y los talleres de reparación y donde repostaban las máquinas y los trabajadores), pero hasta llegar a Aranda tuvieron que cruzar el corazón de la ribera del Duero, una llanura vitivinícola que ahora descansa porque es invierno pero que constituye el territorio más productivo de Valladolid y de Burgos y uno de los más transitados por camiones y tractores precisamente por su actividad. Tomás Postigo lo tenía también claro: con la cantidad de tráfico que hay por esta carretera, la línea de Valladolid-Ariza sería rentable si la volvieran a abrir sólo con el transporte de vino. De hecho, durante varias décadas lo fue, me dijo rememorando los años, que él conoció, en los que la uva se trasladaba de un pueblo a otro en vagones e igual las cubas del vino que se enviaban para su consumo a Valladolid y a Aranda.

En cualquier caso, entre Peñafiel y Aranda, como entre Valladolid y Peñafiel, los pueblos de la ribera y el campo parecen dormir esta mañana de invierno mientras, entre los camiones que van y vienen, sigo mi viaje por la carretera de Soria, un camino que conozco por haberlo hecho en dirección contraria una vez junto con mi amigo Modoso en un viaje por el Duero que dejaríamos interrumpido a la mitad por razones que ya no vienen a cuento. El cuaderno de aquel viaje lo publiqué tal y como lo escribí y en él había descripciones de estos paisajes y pueblos de la ribera que valdrían para hoy. Como la de la casa del Empecinado, cerca de Peñafiel, en la que nació el célebre guerrillero de la Independencia y en la que Modoso y yo cenamos una noche, o las de los pueblos y villas que voy cruzando por el camino, que continúan como en el año 1984, puede que con menos gente que entonces. Y sin el tren, que circulaba aún por esta vía que ahora se oxida en soledad mientras ve cómo sus estaciones se hunden o las vandalizan, como la de Castrillo de la Vega, que parece víctima de una profanación: tanto la estación como sus alrededores están llenos de escombros y basura y las paredes pintarrajeadas por fuera y por dentro. Quizá su lejanía respecto del pueblo la ha hecho más vulnerable, aunque las de San Martín de Rubiales y Roa, que no están tan lejos, no han tenido mejor suerte al parecer. Me lo dice un hombre de Fuentecén, un pueblo al que me desvío pensando que por él pasaría también la línea pero en el que lo único interesante que veo es una iglesia con un Cristo de hormigón sobre la torre y, en la pared de una casa, un paño de azulejos de Nitrato de Noruega perfectamente conservado, y que es, junto con su madre, el único ser vivo que encuentro.

—No pensará usted reabrir la línea... —me dice con escepticismo ante mi interés por ella.

—No pensaba —le defraudo yo con una sonrisa.

Y con las mismas sigo hacia Aranda dejando al hombre pensativo.

En el corazón del Duero

Aranda, como ya se ha dicho, es la capital de la Ribera del Duero, de la que es centro y parada obligatoria como lo fue también mientras funcionó de la línea del ferrocarril Valladolid-Ariza, que en Aranda se cruzaba con la de Madrid-Irún, con cuya estación se comunicaba por un ramal. Por eso, en Aranda de Duero paraban todos los convoyes, se cambiaban las máquinas y a los maquinistas, se cargaban y descargaban mercancías y descansaban los ferroviarios y los viajeros antes de seguir su ruta. Mi padre y sus compañeros, de hecho, lo hicieron durante una hora y bien que les debió de venir después de viajar desde Venta de Baños sentados en el suelo, encima de los petates, y sin poder mirar el paisaje, pues los vagones no tenían ventanas, ya que eran para el transporte animal. ¡Pobres soldados, que, además de ir a la guerra, lo hacían en esas condiciones!

En la estación de Aranda, cuando mi padre y sus compañeros llegaron a ella, la actividad debía de ser enorme, con ferroviarios y militares yendo de un sitio a otro por los andenes y los trenes echando vapor y humo mientras los avituallaban para continuar camino, pero este mediodía está desierta, abandonada a su suerte como todas las de la línea de Valladolid-Ariza. E igual ocurre, parece, con la de Madrid-Irún, que tampoco tiene ya tráfico de viajeros desde que se construyó la de alta velocidad entre la capital y el norte de España por Valladolid, lo que obliga a los arandinos a desplazarse hasta Burgos, a más de noventa kilómetros, para coger el tren o a viajar en coche. Me lo cuenta un hombre al que le pregunto por qué la estación de Ariza está como está. «Nos han dejado sin tren», me dice con resentimiento mientras contempla junto a mí los edificios y las locomotoras que se exhiben entre ellos a modo de museo ferroviario al aire libre a la vez que vigila a su perro, que corre por el jardín colindante; un jardín detrás del cual asoman ya los primeros chalés de la urbanización que ocupa los descampados que entre la estación y Aranda debía de haber cuando mi padre y sus compañeros se detuvieron en ella, que entonces estaba apartada de la ciudad. Me lo dice también el dueño del perro (perra: se llama Lúa), que vive en uno de los edificios nuevos pero que recuerda cuando, de joven, venía a coger el tren para ir a Palencia, donde estudió tres años interno en un colegio religioso. Tardaba cuatro horas en llegar, recuerda, pero lo hace con melancolía. La misma que destila la estación, solitaria y desierta en mitad de la nada después de atravesar el siglo XX viendo pasar trenes y viajeros por sus instalaciones en un ir y venir constante que nadie imaginaría que un día se detendría de golpe. Ahí están para recordarlo esas locomotoras y esos vagones que ahora se muestran como reliquias de un tiempo ido y aquí está para recordarlo Toño, el dueño de la perra Lúa, que contempla a mi lado una estación que ahora es un fantasma en el paisaje de su ciudad.

—Tenía de todo: cafetería, fonda, talleres para reparar los trenes, hangares para guardarlos... Era una gran estación.

—Se la ve —le concedo observando un vagón de madera que se expone en el museo ferroviario al aire libre que protege la alambrada que impide acceder a la estación. En uno como ése debió de viajar mi padre a la guerra, puede que hasta en este mismo, pienso mientras lo contemplo.

Toño se va con su perra Lúa y yo me quedo un rato merodeando en torno a la estación, sintiendo y viendo su soledad, que es absoluta a esta hora, pues los vecinos deben de estar comiendo. Son ya las tres de la tarde y apenas se ve a nadie por la zona.

Pensaba ir a almorzar al centro de Aranda, quizá en un asador de los que le dan fama a la ciudad, pero los días son cortos en este tiempo y todavía me queda mucho camino por recorrer, por lo que al final opto por tomar un par de pinchos con un vino de la tierra en un bar de la barriada que une ya la abandonada estación de Valladolid-Ariza con la ciudad, una barriada que al parecer sustituyó a un antiguo poblado chabolista popularmente conocido, según me contó Toño, como Chiang Kai-shek por los arandinos, a saber por qué. El bar, por su parte, se llama El Penalty y está lleno de habituales a tenor de la familiaridad con la que se dirigen a ellos los dueños. No como a mí, que debo de ser el único forastero, por lo que me tratan con más consideración. A veces uno no sabe qué es mejor, si ser habitual o un extraño, pienso ocupando una mesa frente a la televisión en la que las noticias pasan desapercibidas para la clientela, a la que se ve que no le interesan mucho.

De Aranda hacia la provincia de Soria, la carretera sigue remontando el Duero y lo mismo hace la vía del tren de Ariza, cuyo trazado corre paralelo al río, con apenas alguna desviación puntual, prácticamente desde que salió de Valladolid. El campo, después de dejar atrás el extrarradio industrial de Aranda, ha vuelto a ser como era, esto es, una sucesión de viñas y de cultivos de regadío que esperan a que la primavera los resucite, si bien la ribera va adelgazándose poco a poco, pues el río Duero se acerca a su nacimiento y su caudal no es el que lleva después de recibir la aportación de los afluentes que irá encontrando por el camino en su viaje al mar. En Vadocondes, por donde pasé con Modoso en 1984 («Vadocondes ya es un pueblo-pueblo, con su iglesia y su picota como Castilla y Dios mandan», escribí en mi cuaderno de viaje por comparación con La Vid y Guma, dos pueblos de colonización que acabábamos de ver), la estación de la línea de Ariza fue derribada al poco de cerrarse, así que ni me molesto en ir a verla, e igual hago con la de La Vid, junto al monasterio premostratense que, tras la desamortización de Mendizábal y algunos años de abandono, se convirtió en el noviciado de los frailes agustinos, uno de los cuales me enseñó la espectacular biblioteca de treinta mil volúmenes, muchos de ellos sobre Japón, cuando pasé con

Modoso por él, y que daba servicio, además de al convento, a las pedanías próximas, hoy ya tan poco pobladas como el monasterio mismo. Supongo —mientras desde la carretera contemplo sus muros y su espadaña entre la vegetación del Duero— que en la biblioteca siga el cartel con la frase de Plinio el Joven que tanto me impresionó aquella vez: «En las bibliotecas hablan las almas de los muertos».

Langa es la primera población de Soria y su estación de ferrocarril lo era igualmente hasta que cerraron la línea. Como las anteriores, está abandonada también, pero al haber sido construida cerca del pueblo se conserva mejor que las demás. Incluso la maquinaria que hay alrededor de ella se mantiene íntegra y en buen estado. Se ve que los vecinos la vigilan y se ocupan de que nadie se la lleve. Mirándola me vuelvo a acordar de mi padre y de sus compañeros, que, a medida que el tren se acercaba a su destino (y al entrar en una nueva provincia sentirían que éste estaba más cerca), debieron de experimentar un desasosiego que contrastaría con la tranquilidad de quienes los miraban a su paso por estos pueblos castellanos a los que la guerra les quedaba lejos pero que de viejas guerras sabían muchísimo. Ahí está el castillo de Langa (lo poco que queda de él) para confirmarlo, como lo hará en unos pocos kilómetros, en cuanto asome en la lejanía, el de San Esteban de Gormaz, que según la tradición acogió al mismísimo Cid Campeador y que, como la fortaleza de Langa, conoció numerosas batallas por su situación estratégica en la frontera del Duero. A diferencia de cuando mi padre pasó por ellos, estos pueblos estuvieron muchos años, en la época de la Reconquista, en la primera línea de confrontación.

Llego a San Esteban de Gormaz cuando la tarde empieza a caer. El pueblo, mayor que Langa, está más animado que los otros, por lo menos su calle principal, que es la que lleva a la plaza Mayor y en la que están casi todos sus bares y hoteles. En uno de ellos tomo café (me lo sirve una chica extranjera con unas ojeras pronunciadísimas que no entorpecen su delicada belleza) y luego me encamino hacia la estación del tren, que está en lo alto del pueblo, a la sombra del castillo del que fue alcaide el Cid según la leyenda. Tanto una como otro permanecen en silencio (el castillo en su atalaya y la estación en una colina) dando una sensación de abandono a San Esteban de Gormaz que no se corresponde con la realidad del pueblo. Por lo que los datos dicen, es una de las localidades más vivas de la provincia de Soria gracias al vino de la Ribera del Duero y a su estratégica situación en la confluencia de la carretera de Valladolid a Soria con la que viene de Madrid y Segovia por Ayllón. Una confluencia que determinó la importancia de su estación ferroviaria cuando se construyó la línea entre Valladolid y Ariza, como aún se puede comprobar mirando sus instalaciones. Lástima que, como todas, esté cerrada y abandonada y a merced de la climatología, que aquí no es suave precisamente. Aunque esta tarde la temperatura sea benigna, tan benigna que no parece invierno. Nada que ver, imagino, con el día en que mi padre y sus compañeros de expedición militar pasaron por aquí camino de Ariza con la humedad y el frío metidos en el cuerpo desde que salieron de Venta de Baños.

Aviones y manzanos

A la salida de San Esteban, el Duero gira hacia el sur y la línea del ferrocarril de Valladolid a Ariza hace lo propio siguiendo su curso, que ya no abandonará hasta Almazán, donde el río empieza a trazar su famosa curva de ballesta machadiana en dirección al norte y desde donde, lejos de su compañía, la vieja línea se internará en el este de la provincia de Soria cruzando páramos y pueblos languidecientes. En su avance, la vía abre trincheras y cicatrices en el terreno y remonta pequeñas colinas en las que los raíles y las antiguas señales de circulación o peligro se oxidan inexorablemente dándole al paisaje un aroma de Far West que sobrecoge a la vez que emociona por su belleza crepuscular en la tarde de enero. El camino del Cid Campeador, que por aquí discurre también durante algunos tramos (y que durante muchos otros volverá a coincidir con el de mi padre y sus compañeros de expedición y con el mío, pues avanza en buena parte por Teruel y Castellón), acompaña a la vía del tren en una huida hacia esa España desconocida y lejana que tanto a mi padre como al Cid Campeador los esperaba detrás de las montañas que se adivinan hacia el sur y el este. Entre la orilla del Duero y ellas, la provincia de Soria se despuebla y desmorona en un proceso que empezó mucho tiempo atrás y del que la abandonada vía del tren de Valladolid a Ariza es sólo una muestra más.

Otro ejemplo de ello es Pedraja de San Esteban, un pueblo que en sus mejores tiempos llegó a tener doscientos vecinos y que ahora apenas cuenta con veinte y que no es el más afectado, ni mucho menos, por la despoblación. De aquí a Ariza veré muchos en peor situación que él, aunque a veces el paisaje me sorprenda como ahora, cuando, pasado Pedraja, me sale al encuentro una extraña empalizada vegetal que durante varios kilómetros acompaña a la carretera por la derecha y en la que no se ve a nadie a esta hora. La empalizada la forman árboles en espaldera sujetos por alambres a grandes postes y alineados en una geometría perfecta que maravilla a quien la descubre, como a mí me está sucediendo ahora. Tanto que, en un camino de acceso, salgo de la carretera y me interno en la plantación, cuyas calles, previstas para el paso de tractores, permiten el de mi coche de sobra. El lugar, de tan inesperado y gigantesco, produce admiración y sorpresa, admiración por su perfección geométrica y sus dimensiones y sorpresa por lo extraordinario de su aparición en este paisaje inhóspito. Una sorpresa que desaparece gracias a unos trabajadores que se afanan en el viñedo —también inmenso— que sigue a la plantación por la carretera y cuyo capataz me explica el misterio de su presencia aquí:

—Son manzanos. De Nufri, una compañía de Lérida que se dedica a la producción de fruta.

El hombre, al que sus compañeros escuchan sin intervenir, es el único soriano de la cuadrilla (los demás son inmigrantes, me dice) y es empleado fijo de la empresa, que, según me cuenta también, da trabajo a doscientas cincuenta personas todo el año y a unas mil en la época de la recolección. La mayoría de ellas llegadas de fuera, pues en la comarca apenas hay mano de obra, porque hay poca gente viviendo en los pueblos y casi toda es ya mayor. La llegada de la empresa leridana ha supuesto un revulsivo para la zona después de años sufriendo la emigración, me dice el hombre, que vive en un pueblo próximo y que trabaja para Nufri desde sus inicios, cuando la compañía compró lo que antes era una gran finca de regadío y comenzó a plantar manzanos por miles.

Pero la sorpresa no se termina ahí. Doscientos cincuenta trabajadores fijos (mil en la época de la recogida de la fruta al decir del capataz) en esta provincia que pasa por ser la más despoblada de España y que miles de manzanos ocupen un territorio que no se caracteriza precisamente por su calor, al revés, es algo que sorprende, pero más sorprende saber que el campo en el que están plantados fue un aeropuerto en la Guerra Civil, un aeródromo de tierra desde el que despegaban los aviones de la Legión Cóndor alemana que bombardearon Madrid y la propia Teruel entre otras ciudades. De ahí sus grandes dimensiones. «En la guerra esto estaba lleno de militares», me dice el capataz de la cuadrilla señalando el antiguo aeródromo lleno de manzanos, sobre el que empieza a anochecer poco a poco.

—Ya lo vamos a dejar —me dice otro de los podadores, con acento extranjero, al despedirme de ellos por la ventanilla.

Cerca de la cuadrilla, aparecen ya las casas de La Rasa, el antiguo pueblo-estación que en 1984 conocí prácticamente desierto a pesar de que aún pasaban trenes por él (la línea se cerraría al tráfico de viajeros al año siguiente) y de cuya importancia ferroviaria daba fe la cantidad de edificios de todo tipo que lo componían, incluidos un cuartel de la Guardia Civil, la iglesia y la escuela. Todos continúan en pie, muchos de ellos arreglados para vivienda de los trabajadores de Nufri, cuyos coches aparcados a la puerta de las casas los delatan, así como la ropa puesta a secar detrás, y hay otros nuevos que los acompañan ahora, sobre todo uno grande, de color blanco, cuyo letrero anuncia que es la sede principal de Nufri, la empresa que compró el antiguo aeródromo militar y lo llenó de manzanos. Doy una vuelta por la estación, que está cerrada y abandonada como la mitad del pueblo, e imagino cómo sería la llegada a ella del convoy en el que venía mi padre, recibido por los cientos de soldados que aquí habría en aquellos días, muchos de ellos alemanes de la Legión Cóndor, de la que seguramente tendrían ya noticias, pues una parte de ella estaba en La Virgen del Camino, en León. No cuesta mucho imaginar la escena aunque la soledad del pueblo y de la estación en este atardecer de enero no ayuden, como tampoco ayuda el desconocimiento que sus vecinos de hoy manifiestan sobre su historia.

—Yo vivo en San Esteban —me dice un hombre rumano, trabajador de Nufri, que está esperando a su hijo, también empleado en la compañía, para regresar a casa.

—¿Cuánto tiempo lleva aquí? —le pregunto por curiosidad.

—Doce años —me responde sin demostrar mayor interés por mí.

El rumano se va con su hijo, que le ha recogido en coche, y yo doy otra vuelta por La Rasa comprobando que, aun habitado por trabajadores de Nufri, sigue ofreciendo el aspecto de desolación que tenía el pueblo cuando pasé por él en 1984 camino de El Burgo de Osma. Que es a donde me dirijo también hoy, pues es el lugar más próximo en el que poder cenar y dormir con ciertas garantías. La estación de La Rasa, de hecho, pertenece a El Burgo, cuyo apellido, Osma, lleva añadido a su nombre.

El Burgo, que está a siete kilómetros, es, junto con Almazán, la mayor población de Soria después de la capital, pero en importancia histórica y eclesiástica rivaliza incluso con ella. Este fin de semana, además, celebra la fiesta de la Matanza, que se repite todos los años por estas fechas, y el pueblo está lleno de visitantes que han venido a disfrutar de ella, lo que hace que en sus hoteles cueste encontrar una habitación. Menos mal que el dueño de uno de ellos me conoce y me consigue una, la última que quedaba disponible, después de ofrecerme alojarme en el monasterio de La Vid, cuya hospedería también regentan, según parece.

El dueño del hotel, aposentado yo ya en mi habitación, me tiene preparada una sorpresa relacionada con el motivo de mi actual viaje, que le conté para que se compadeciera. Tiene que ver con

La Rasa y con la presencia allí de los alemanes de la Legión Cóndor en la Guerra Civil. Resulta que un conocido suyo se ha dedicado a estudiar esa historia y le ha llamado para que me la cuente. El amigo, que aparece al poco rato, es un gallego afincado en El Burgo de Osma, cuya historia reciente ha estudiado, principalmente la referida a la Guerra Civil. Incluso tiene una colección de fotos que ha ido comprando con mucha paciencia y que me enseña en la cafetería del hotel. Son fotos de El Burgo de Osma en la guerra, pero también de La Rasa, cuyo aeródromo militar, me dice, fue el centro de toda la actividad bélica en la zona, junto con la estación del tren, de la que partían continuamente soldados para los frentes. En una de las fotografías se ve muy claro lo que me cuenta, con docenas de hombres con sus mantas y macutos caminando entre la nieve y la silueta de un tren al fondo. Cualquiera de esos soldados muertos de frío y de miedo podrían ser mi padre y Saturnino, pienso mientras los observo a la vez que escucho el relato de Alberto Boo, como se llama mi inesperado informante. Armando, el dueño del hotel, después de presentarnos, se ha ido a seguir organizando los preparativos de la fiesta de mañana, que tiene ocupadas a muchas personas, pues son cientos los turistas que vienen a El Burgo de Osma para vivirla.

Alberto se va también al cabo de media hora (él entra ahora a trabajar, le toca esta semana el turno de noche, me ha dicho) y yo me voy a callejear por El Burgo, este pueblo levítico y lleno de historia que tantas veces he visitado pero al que siempre me gusta regresar porque me trae muy buenos recuerdos. De sus callejas y de sus viejos bares y de esa catedral que se alza contra el cielo desde hace muchos siglos y que es el ángel protector de sus vecinos.

Por el sur de Soria: polvo de silencio

Encarna Mozas, la fotógrafa de El Burgo de Osma que más ha retratado el territorio en el que nació, tituló un libro de fotografías dedicado a él *Polvo de silencio*, un título que me acompaña desde ayer tarde, desde que entré en la provincia de Soria y empecé a cruzar sus grandes espacios desiertos, llenos de historia pero sin casi vida presente. Polvo de silencio es, en efecto, lo que se respira en ellos, incluso en el propio Burgo de Osma, con ser sede episcopal y a pesar de estar lleno esta mañana de sábado de visitantes llegados de toda España para participar en su conocida fiesta de la Matanza, que se celebra durante el mes de enero. Los veo desayunando en el comedor del hotel como si en unas horas no tuvieran que dar cuenta de la larga lista de platos que se anuncian para el mediodía, todos elaborados con los productos del cerdo, y paseando luego por los soportales que conducen a la catedral, desiertos, como sus bares, tras la animación de anoche.

Pero el polvo de silencio se advierte más cuando se abandona El Burgo y la carretera vuelve en dirección al Duero, donde La Rasa me recibe nuevamente con su aspecto de poblado del Far West y sus miles de manzanos ocupando el antiguo aeródromo militar y desde donde continúo mi viaje en busca de la siguiente estación del ferrocarril de Ariza. Pero la carretera no sigue a la vía y, cuando me doy cuenta, me he alejado de ella. El desvío, no obstante, me permite ver Navapalos, el pueblo abandonado y en ruinas por cuyo famoso vado el Cid cruzó el río Duero según su *Cantar*, y asomarme a la enorme fortaleza de Gormaz. Desde que entré en la provincia de Soria la venía viendo en el horizonte, pero de cerca impresiona por su colosal tamaño. No en vano fue la mayor fortaleza de Europa, como aprendí la primera vez que la visité. Alzada sobre un promontorio, parece una postal dominando el territorio que el río Duero y el ferrocarril de Ariza cruzan entre colinas y campos de cereal que salpican los tejados y las torres de las iglesias de algunos pueblos como Gormaz. Cerca de él, en Quintanas, vuelvo a tomar el hilo del ferrocarril de Ariza y no lo puedo hacer mejor, pues la estación está muy bien conservada, tanto el edificio como su entorno. Hasta el reloj permanece intacto, si bien el tiempo se haya detenido en él. Por un lado, las agujas marcan eternamente las nueve y, por el otro, un papel cubre su falta pegado sobre la esfera. Se trata de un poema que alguien le ha escrito a la estación y que leo acompañado por los trinos de los pájaros, los únicos que habitan ahora este sitio: «Por la antigua estación el viento / y un letrero apenas descifrable / en la caligrafía de antes de una guerra: / "Las lindes de Gormaz" / el viento mesetario de hilos circulares / moviéndose insonoro / y cinco acacias / sobre las vías muertas sus sombras alisando. / Al sol, por el azul, pájaros incendiados / mudos / en la distancia ardidas unas ruinas / y legiones doradas de partículas / de polvo hecho de espadas diminutas. / Por el lento silencio / constelado de vuelos, al espacio / con alma extranjera / fantasmal tintinea una campana / sestea una culebra en las traviesas. / Ausente el mar, la tierra es nada más una certeza...».

La estación de Berlanga no está tan bien conservada como la de Quintanas de Gormaz y ello a pesar de ser más importante, como demuestran sus instalaciones, así como los edificios que hay junto a ellas. Como le sucediera a El Burgo de Osma, la vieja villa de la Colegiata y el caimán que uno de sus hijos trajo de las Indias está alejada de la estación y ello hizo que surgiera un pequeño poblado en torno a ella cuyas casas se mantienen bien pese a que el ferrocarril ya no circule por estas vías. Son casas a las que regresan los fines de semana y en verano sus dueños o sus descendientes, según me cuentan un padre y un hijo que buscan por la estación, junto a la que han aparcado el coche, a un perro que se les ha perdido. Aunque no se les ve preocupados. Aparecerá, me dicen, a la vez que me indican que cerca de la estación hay un puente de hierro de los varios que los constructores de la línea entre Valladolid y Ariza hicieron para salvar el Duero y que merece la pena ir a ver. El puente, al que me acerco por la vía siguiendo el consejo de mis informadores, parece de una película de guerra, semioculto entre la vegetación del río.

—Precioso —les digo a aquéllos cuando regreso en busca de mi coche, que está aparcado al lado del suyo.

En la plaza Mayor de Berlanga, en un soportal medieval de viejas vigas de madera que se mantiene como en sus primitivos tiempos, el silencio es, más que polvo, una sustancia que el sol hace resplandecer para consuelo de los cuatro viejos que lo toman esta mañana de enero junto a dos latinoamericanas jóvenes. Sean personas o manzanos, los que se ocupan de su cuidado en estos pueblos de Soria son en su mayoría extranjeros, como ya he podido ver y como seguiré viendo a mi paso por la provincia. Solamente algún negocio especializado o de tradición familiar, como la pastelería El Torero, en una esquina de la plaza, donde tomo un café con un *lagarto*, el dulce típico de Berlanga, cuya forma imita al que es símbolo del pueblo, el famoso lagarto (caimán en realidad) de fray Tomás, está regentado por gente autóctona. Aunque esta mañana no haya mucha concurrencia en él.

Rebollo, Barca y Matute, Almazán... En paralelo al Duero, ahora por su orilla izquierda, la línea del ferrocarril de Valladolid a Ariza prosigue su recorrido sin importarle que nadie la acompañe ya salvo, de tarde en tarde, algún viajero inesperado como yo. Entre pinares y campos de regadío y pueblos sin casi gente, los raíles de la vía continúan impertérritos, a veces cubiertos por la maleza y otras perfectamente visibles y en buen estado de conservación. No así las estaciones, la mayoría de ellas medio caídas. No cuesta imaginar el paso de los convoyes militares de la guerra por aquí aun cuando hayan transcurrido desde entonces tantos años.

Sorteo la de Almazán, que queda lejos de la carretera y de cuya relevancia no tengo duda, pues Almazán es pueblo importante, y me detengo en la estación de Coscurita, a cuatro kilómetros, una pequeña aldea sin interés salvo por su estratégica situación en el mapa ferroviario de la provincia de Soria: aquí se cruzaban la línea de Valladolid a Ariza y la de Madrid a la capital provincial, donde tiene su final. Esta última sigue en servicio, por lo que la estación también continúa estándolo aunque se la vea cerrada. Enfrente de ella, un enorme silo recuerda la importancia de este lugar en el almacenamiento y transporte de cereal.

—¡Ni se imagina las toneladas de trigo que han salido de aquí! Pero el tren de Madrid ya tampoco para desde que le hicieron una nueva parada en Almazán... —me dice en Coscurita una señora que ha salido a la puerta de su casa al oírme preguntar a sus dos hijos. Éstos están lavando su coche y me he dirigido a ellos por ser los primeros vecinos con los que me he encontrado en el pueblo—. Esto ya no es pueblo siquiera —se queja su madre sin dejar hablar a sus hijos—. En verano todavía, pero el resto del año ya no es ni pueblo...

En Morón de Almazán, que es el siguiente en dirección a Ariza, la impresión es muy diferente, quizá porque es algo mayor. Al menos se le ve animado, principalmente en las antiguas escuelas, un edificio de piedra con un jardín delantero que se alza al lado de la estación del ferrocarril y en el que hay mucha gente tomando el aperitivo, pues ahora es el bar del pueblo, a la que yo me sumo por quitarme la sensación de soledad que arrastro desde que salí de El Burgo; una sensación que recuperaré, no obstante, en cuanto abandone el bar de Morón y el pueblo y me adentre, siguiendo la vía de Ariza, en un territorio árido, quizá el más árido y solitario de cuantos he cruzado hasta ahora y que es el que conduce a la estación término de este ferrocarril fantasma cuyo trazado vengo siguiendo desde Valladolid. El paisaje, cada vez más montaraz, se ha llenado de carrascas y roquedos entre los que los raíles del ferrocarril de Ariza se abren camino en un viaje que se parece a los del lejano Oeste. Hasta los nombres de las estaciones remiten a esa mitología: Alentisque, Chércoles-Apeadero, Chércoles, Monteagudo... En algunas de ellas ni siquiera queda ya rastro de las instalaciones, como si el territorio contribuyera a su abandono, que es el mismo que el de sus aldeas. El polvo de silencio de las fotografías de Encarna Mozas, la fotógrafa de El Burgo, aquí se palpa además de sentirse.

Monteagudo de las Vicarías, ya en la raya de Aragón, era la última parada del tren antes de llegar a Ariza, que está ya a sólo doce kilómetros. Junto con los anteriores pueblos compone el mapa de la despoblación de este rincón soriano, más visible en Monteagudo por la importancia que se ve tuvo en épocas pasadas. Dividido en dos partes, la antigua y la nueva, una sobre una colina, amurallada y presidida por una gran fortaleza, y la otra al pie de la carretera que pasa debajo, es un ejemplo vivo de la grandeza que esta tierra tuvo en tiempos y de su decadencia hoy. En mi paseo por el Monteagudo antiguo, que según un cartel situado en el arco de entrada al pueblo está considerado uno de los más bonitos de España, sólo encuentro a un chico joven que me dice que apenas vive ya gente allí y que, si quiero comer, tendré que volver a la carretera, puesto que en la parte antigua ni siquiera hay bar, cosa que corroboro, ya que en mi recorrido no encuentro nada abierto. Ni siquiera el castillo y la iglesia, por la hora. Así que vuelvo sobre mis pasos y busco en la carretera dónde comer, algo que tampoco es fácil, pues el único restaurante que encuentro está al completo. Lo sorprendente es que es un restaurante árabe y que todo el personal, salvo la dueña, lo es, no sólo su oferta gastronómica. ¿Quién podía imaginarlo en este pueblo que durante siglos fue escenario de las luchas entre los reinos cristianos y los musulmanes como en lo alto de la colina recuerda su fortaleza?

La estación, la última de la provincia de Soria, está apartada del pueblo, al final de un camino de tierra junto al que han construido algunas granjas de cerdos. Se nota por el olor. Alrededor de la estación también, grandes montones de paja aprovechan los antiguos almacenes, que han quedado abandonados pese a que se trataba de una estación importante de la línea. Me lo confirma un matrimonio que acaba de llegar en su paseo y que se lamenta de su situación, que es la misma, me dicen, que la de Monteagudo y la provincia entera de Soria. Abilio y Bienvenida, de Almaluez y Monteagudo respectivamente, tienen conciencia de pertenecer a un mundo en extinción y a una tierra que está dejada de la mano de los políticos.

«Estas provincias no le interesan a nadie», me dicen, contemplando a lo lejos el perfil de Monteagudo, cuyo castillo domina el del pueblo y el de los montes que lo rodean, coronados por docenas de aerogeneradores, cada vez más omnipresentes en las tierras de Castilla y Aragón. «Para esto sí se acuerdan de nosotros», dice Abilio, que, como Bienvenida, estudió en la Universidad y ya nunca regresó a su pueblo salvo en fines de semana y vacaciones. Vivimos en Teruel, apostilla Bienvenida, pero venimos siempre que podemos.

Y, con las mismas, continúan su paseo hacia Pozuel, el pueblo que se ve cerca y que ya pertenece a Aragón, al parecer.

Si vas a Calatayud

Yo sigo camino también, aunque en mi coche y por la carretera en seguida llego a la raya de Castilla y Aragón, la antigua frontera entre los dos reinos que recuerda todavía en lo alto de una muela el castillo de la Raya, o, por mejor decir, lo que queda de él, que no es mucho, y a cuyos pies una ermita continúa dividida, según me contaron Abilio y Bienvenida, entre los dos territorios históricos: al parecer, la mitad de la ermita está en Castilla y la otra mitad en Aragón.

Ariza, mi destino desde Valladolid, es ya Aragón inequívocamente. El pueblo cuyo nombre me ha venido guiando desde ayer aparece al fin en el horizonte, pero se anuncia antes de llegar a él. Primero en los carteles de la vía y luego en los de la carretera. Aunque hay que salirse de ésta para llegar al centro del pueblo y a su famosa estación, última del recorrido de la desaparecida línea que durante un siglo llevó su nombre y lugar de confluencia con la de Madrid a Barcelona, durante mucho tiempo (hasta que llegó la alta velocidad) la más transitada de la península. A ella arribó el convoy que traía a mi padre y a sus compañeros de expedición desde Venta de Baños y desde ella, por la nueva vía férrea, siguieron hacia Calatayud, verdadero final de su recorrido en una primera etapa. Por eso en su memoria el nombre de Ariza quedó grabado para siempre igual que quedará en la mía después de hacer tantos kilómetros para llegar hasta aquí, a este pueblo aragonés tan solitario y vacío en esta tarde de enero como los que he ido dejando atrás. En el extremo oeste de la provincia de Zaragoza y con apenas mil habitantes (la cuarta parte de los que llegó a tener, parece), Ariza, pese a su historia, es hoy un pueblo sin mucha vida, un lugar como tantos otros del alto valle del Jalón, el río que comunica la meseta castellana con el Ebro. Ni siquiera su estación de tren, cuyo tamaño habla de mejores tiempos, ha conseguido conservar su estatus de nudo ferroviario principal desde que la construcción de la línea de alta velocidad entre Madrid y Barcelona, que pasa cerca del pueblo pero sin detenerse en él, le haya mermado el tráfico de viajeros. Y dado que, además, es sábado, ni siquiera se ve a gente trabajando, con lo que la impresión que produce Ariza es la misma que cualquier otro pueblo de los alrededores. Nada que ver con lo que imaginaba yo desde que empecé a viajar en dirección a él.

—Esto ha perdido muchísimo —me dice un matrimonio al que encuentro de paseo como a Abilio y Bienvenida en Monteagudo cerca de la estación—. Entre que cerraron la línea de Valladolid ya hace años y que el tren de alta velocidad no para...

Aunque una música viene a interrumpir su queja. Es una banda que aparece de repente por la calle que desciende hacia nosotros y que integran fundamentalmente niños y jóvenes, lo que prueba que aún los hay en Ariza.

—Están ensayando para la Semana Santa —se apresura a aclararme el matrimonio como si se les hubiera pasado por la cabeza que yo pudiera pensar que era para recibirme a mí.

—Pues tocan bien —les digo por los músicos, que pasan por delante de nosotros en este momento. Los dirige una mujer y son al menos una veintena.

—Claro que tocan bien —asiente el matrimonio con orgullo.

Es todo lo que me ofrece Ariza. Después de tanto leer su nombre y de imaginar cómo sería este pueblo que me esperaba al final de la línea férrea, resulta que, salvo por su estación, es igual que cualquier otro de los que he dejado por el camino. Eso sí, con una iglesia cuyo volumen sobrepasa al pueblo entero.

Las de Cetina y Alhama, que son los siguientes en dirección a Calatayud, no son pequeñas tampoco, pero es Ateca la que se lleva la palma con dos iglesias, dos enormes edificios de ladrillo que sobrecogen por su envergadura. Enriscada como Alhama —pueblo de origen termal, como su nombre árabe pone en evidencia— en el desfiladero que el río Jalón abre camino de Calatayud entre los fuertes montes ibéricos, Ateca ya es una población mayor, pues su vega es mucho más amplia. Desde allí hasta Calatayud los frutales y las huertas se suceden, ahora desnudos de fruto pero preparados ya para cuando la primavera llegue. De hecho, están quemando en ellas las hojas y las ramas de la poda, según delatan esas columnas de humo que me acompañan en el atardecer de enero, un atardecer de enero que no parece de invierno por la temperatura que hace: catorce grados marca el termómetro de mi coche.

Bastantes menos debía de haber cuando mi padre cruzó a esta misma hora este valle del Jalón, pues, a juzgar por el testimonio de Saturnino, en Calatayud estuvieron parados cinco horas, hasta que salieron en dirección a Teruel cerca de la medianoche. Imagino qué irían pensando y cómo se sentirían sabiendo —como sus compañeros de vagón— que el frente de guerra ya estaba próximo y que por primera vez en su vida iban a participar en una batalla de esas de las que hasta aquel momento sólo sabían por las noticias.

Pero en Calatayud la Guerra Civil queda ya lejos por suerte. Es sábado y hace buen tiempo y la gente pasea por la calle principal o vigila los juegos de los niños en los parques mientras los jóvenes se disponen a disfrutar de la noche como es obligado. Lejos de preocupaciones, los bilbilitanos, como se conoce a los de Calatayud por su gentilicio latino, una pregunta casi obligada en las pruebas de cultura general, aprovechan que este invierno es casi una primavera para invadir las calles del pueblo, que parece estar de fiesta cuando yo llego. La segunda ciudad de Zaragoza, famosa en toda España por haber sido la cuna de una mujer de vida azarosa, la popular Dolores de la canción, y menos por haberlo sido también del poeta latino Marcial, el autor de los célebres *Epigramas*, celebra que hoy no trabaja y que mañana es domingo, por lo que tampoco lo tendrá que hacer.

La noche de Calatayud cumple con las previsiones, si bien yo me limito a pasear por la ciudad, que tiene en su parte antigua cuatro o cinco iglesias de valor y algún palacio lleno de historia, uno de ellos ocupado actualmente por el ayuntamiento viejo y otro por el Casino Bilbilitano, en el que entran personas muy arregladas sin reparar en la placa que recuerda en la fachada que en ese lugar nació el barón de Warsage, de nombre de pila José María de L'Hotellerie de Fallois, quien murió dirigiendo a los tercios de Calatayud en la defensa del puente de Piedra de Zaragoza en la guerra de la Independencia, antes de ir a cenar al paseo de las Cortes de Aragón (la antigua carretera nacional de Madrid a Zaragoza), que es donde está la mayoría de la gente. En la noche de invierno que no lo parece, los bilbilitanos disfrutan bebiendo y conversando sin preocuparse del frío ni reparar en el forastero que los observa con curiosidad; un forastero que bebe y come a su lado sin pensar tampoco en otra cosa que no sea lo que a su alrededor sucede después de un día entero viajando en solitario por unos territorios en los que apenas habló con nadie porque apenas había con quien hablar. Todo lo contrario que en esta ciudad pequeña pero llena de vitalidad que invita al *carpe diem* más que a la evocación.

Aunque, cuando hacia la medianoche vuelve a su hotel, su pensamiento vuele hacia un tren lleno de soldados que a esa misma hora, una noche del año 1938, se puso en marcha en la estación de Calatayud después de horas esperando en medio de un frío intenso y sin comer nada desde el mediodía.

Por el valle del Jiloca

El tren con el que anoche soñé ya no podría hacer hoy el recorrido que hizo con mi padre y Saturnino en su interior (además de otros muchos militares de todas las procedencias que se habían ido sumando por el camino), porque la vía por la que fue remontando el río Jiloca en dirección a Teruel ni siquiera existe. No es que ya no circulen trenes por ella como en la de Valladolid-Ariza, es que, salvo las estaciones, no hay nada que se conserve ya: ni los raíles ni las traviesas de hierro que, al parecer, trajeron de Huelva cuando se construyó. Todo fue desmantelado tras el cierre de la línea en los ochenta, justo a la vez que la de Valladolid a Ariza.

—De aquí salían tres líneas férreas —me explica Gerardo, el hombre que hoy despacha los billetes en la estación de Calatayud y que es de familia de ferroviarios, por lo que conoce bien el tema del que me habla: la de Calatayud a Valencia por Teruel, la de Calatayud a Soria por Torralba y esta de Madrid a Zaragoza. La única que queda es ya ésta.

A Gerardo me lo presentó por teléfono Jesús, un hombre al que le pregunté por la estación de Calatayud en el quiosco en el que compraba el periódico como cada mañana, ésta con más motivo que otras: sale él en el periódico hablando de la plaga de castores que, al parecer, están terminando con la fauna autóctona del Jalón. Gerardo de castores sabe poco, pero de trenes lo sabe todo. Por eso le da pena que tanto patrimonio ferroviario se esté dejando perder en lugar de recogerlo en museos o de mantenerlo *in situ*. «Aquí no valoramos nada», me dice en el preciso instante en el que un tren de alta velocidad pasa sin detenerse por la estación haciendo un ruido ensordecedor. Es el signo de los tiempos: mientras unos trenes y territorios desaparecen, otros viajan a velocidad de vértigo.

El que llevaba a mi padre en dirección a Teruel debía de ir muy despacio, pues hasta Calamocha tardó dos horas y otra más hasta Caminreal, donde se detuvo definitivamente. A sesenta kilómetros de Teruel pero a bastantes menos del frente, ése era el destino del convoy en el que mi padre y sus compañeros de expedición se acercaron a las líneas de un escenario bélico que estaba en plena agitación en aquellos días. El Ejército de Franco había empezado su contraataque y el de la República había pasado a la defensiva después de tomar Teruel, todo ello en medio de un feroz invierno que hacía muy difíciles los movimientos de tropas y de maquinaria bélica. La nieve y el frío polar que ese año asolaron Aragón y gran parte del país fueron en la provincia de Teruel dos enemigos más para ambos ejércitos, ninguno de los cuales estaba preparado para un temporal así. Aunque es difícil imaginarlo en una mañana como la de hoy, sé que fue así por los libros de historia y por los testimonios de los que lo vivieron, entre ellos mi padre y Saturnino, que nunca se olvidaron del frío de Teruel.

Y es que este valle del río Jiloca que remontaron en plena noche para evitar que la aviación enemiga detectara su convoy y lo atacara y que yo cruzo a la luz del día, levantada la niebla con la que amaneció, tiene fama de ser uno de los territorios más fríos de toda España, pese a que hoy luzca un sol brillante que hace resplandecer el campo y los pueblos; pueblos que continúan la vocación agrícola de Calatayud, con sus campos llenos de cerezos, almendros y otros frutales que permiten a sus censos vecinales mantenerse, si bien, a medida que me aleje del Jalón, irán menguando en tamaño, lo mismo que sus iglesias. Sin tren que los comunique ya, la carretera es su única vía de unión y a ella se arriman los caseríos de piedra rojiza y de adobe, a veces excrecencias de la tierra como Maluenda o Montón. Entre medias, un largo rosario de ellos (Paracuellos, Velilla, Morata, Fuentes...), todos con el apellido del río Jiloca, que es el que les da vida, se reparten la estrecha vega de éste y los páramos que la rodean, ahora desiertos por el invierno, como los pueblos que voy cruzando, en los que los vecinos deben de seguir durmiendo. Es domingo y hasta la hora de la misa (donde la haya, que puede que no sea en todos, pues cada vez quedan menos curas) no saldrán de sus casas, ¿para qué?

En Villafeliche un letrero señala que por aquí, antes que mi padre y yo, pasó el Cid Campeador, algo de lo que están orgullosos los naturales, como comprobé cuando seguí sus pasos hace algún tiempo para escribir un reportaje para un periódico coincidiendo con el milésimo aniversario del *Cantar*. Va a ser ése mi destino: el de seguir los pasos de otros en busca de no sé muy bien qué. O sí: en busca de esa huella en el paisaje que los hombres vamos dejando a lo largo de la historia y que es nuestra verdadera memoria. Porque el paisaje nos sobrevive a todos, sobrevive al paso del tiempo y a los sucesos de los que fue testigo y cuyo rastro queda impreso en él para siempre. Como en estos territorios desolados de Aragón en los que los castillos y fortalezas, la mayoría de ellos en ruinas, guardan memoria de las luchas entre cristianos y musulmanes de la Edad Media y los restos de trincheras que resisten por las sierras de la guerra fratricida entre españoles que partió el país en dos en el siglo xx.

En Daroca, el pueblo más importante de la comarca, los vestigios de ambas guerras se perciben en seguida. Metido en una hondonada como si quisiera pasar desapercibido (o para protegerse del viento que aquí sopla en el invierno), Daroca es una auténtica fortaleza a la que sus murallas de más de cuatro kilómetros siguen dándole un aspecto militar propio de los lugares de frontera. Ni siquiera los turistas que transitan por sus calles y los vecinos que toman café en los bares de la alargada calle Mayor, todos de aspecto tranquilo salvo los más jóvenes, que les gusta aparentar lo que no son, consiguen quitarle a la villa el aroma guerrero que arrastra desde su fundación y que pervive en sus calles añejas y en sus recios edificios de piedra de sillería de la región; es decir, con ese color terroso característico que tienen todos los pueblos de los valles del Jalón y del Jiloca. En la frontera ya con Teruel, Daroca participa del espíritu de esa provincia, como podré comprobar en seguida, y dentro de ese espíritu está el de resistir a todos los ataques que le lleguen, incluidos el del frío y el de la despoblación.

—Pocos. Si llegamos a mil ya somos muchos —me dice un hombre que está sentado junto a la fuente que es a la vez el símbolo y el centro de Daroca; una gran fuente rectangular que tiene una larga fila de chorros de los que mana abundante agua: la fuente de los Veinte Caños, como se la conoce—. Yo nunca los he contado, pero ésos debe de haber —me dice con ironía mi involuntario informante de los datos de su pueblo.

—¿Y la iglesia? ¿De qué siglo es? —le pregunto, por la que se adivina al fondo.

—Eso sí que ya no se lo sé decir —me responde el hombre con humildad.

Una vecina suya que acaba de salir de misa, no de esa iglesia sino de otra (hay varias en Daroca, al parecer), tampoco sabe la edad de por la que pregunto, pero sí que en ella se guardan los famosos corporales de Daroca, el paño en el que un sacerdote, según la leyenda, envolvió las sagradas formas ante un ataque inminente de los moros y que quedó manchado de sangre, la sangre del mismo Cristo se supone, por lo que se los considera milagrosos. Tan milagrosos como que fuera un asno el que decidió traerlos a Daroca desde el lugar en el que sucedió el prodigio, al decir de la señora.

Doy un paseo por el pueblo desde la puerta Alta a la Baja, los dos extremos de su calle Mayor, que a todas luces fue una rambla antes que calle y por ello se convierte en un curso de agua cuando llueve, y me encamino hacia el lugar que ha hecho que me detuviese en Daroca, aparte de para admirar su belleza: la estación del ferrocarril de Calatayud a Valencia, que Gerardo, el ferroviario que vendía los billetes en la de Calatayud, me recomendó que viera, pues para él es la mejor conservada de todas las que hubo en esta línea por la que mi padre pasó también en su viaje a la guerra. Está apartada del pueblo, pero no demasiado lejos, según otro hombre al que le pregunto, quien como prueba de su proximidad me dice que él va muchas tardes hasta allí dando un paseo.

Le hago caso, pues además voy en coche, y en cinco minutos llego a la estación. Está en medio del campo, entre huertos y terrenos de cultivo, y se muestra aún más fantasmal que las de la línea de Valladolid a Ariza, pues le faltan los raíles de las vías. El edificio, por otra parte, es muy grande, lo que demuestra la importancia que tuvo. Imagino este andén lleno de militares y ferroviarios cuando el convoy en el que iba mi padre pasó de largo ante él (o se detuvo, quién lo sabe a estas alturas), pues el frente de guerra ya estaba muy cerca: a seis kilómetros de Daroca da comienzo la provincia de Teruel.

Pero hoy la estación está sola. La marquesina de hierro y los depósitos de agua que alimentaban a las máquinas de vapor miran pasar el tiempo mientras se oxidan sin que nadie venga a verlos con excepción de algún vecino de Daroca que se acerque dando un paseo hasta aquí como el que me indicó el camino o algún ciclista de paso por lo que hoy es una ruta verde que aprovecha el antiguo trazado del tren. Un panel lo dice así, mientras que otro cuenta la historia de la línea y del propio pueblo de Daroca, cuyo caserío se adivina al fondo metido entre los dos cerros que lo protegen del viento y por los que trepan y descienden sus murallas medievales remedando a la de China. Aunque esta estación que lleva su nombre y que durante casi un siglo le sirvió de comunicación con el exterior recuerde más a un paisaje del Far West americano, olvidada de todos como está. Al menos es la impresión que produce contemplar en solitario este lugar al que sólo le falta el sonido de un tren para que cobre vida de nuevo.

El frío de Calamocha

De todo lo que mi padre y su amigo y compañero de aventuras Saturnino me contaron de Teruel lo que más grabado se me quedó no fueron las escenas de guerra y los muertos, fue el frío de Calamocha, al que ambos se referían continuamente con horror. Y eso que los dos pasaron mucho en su vida, que transcurrió en el caso de ambos en León, una provincia tan fría como la de Teruel. Pero es que es muy diferente soportar el frío con buena ropa y al arrimo de la estufa o del brasero que hacerlo en campo abierto y en medio de bombardeos y de disparos de ametralladora o de la aviación enemiga en trincheras heladas y cubiertas por la nieve o en un tren sin calefacción parado durante una hora a dieciocho grados bajo cero en una estación perdida, como les tocó estar a ellos en la de Calamocha. Un pueblo que, junto con Molina de Aragón, al oeste, y Teruel, al sur, delimita el llamado triángulo del frío, que se extiende por la planicie alta del río Jiloca y por los montes y sierras que la acompañan por ambos lados y que fue el escenario de la peor batalla —por la climatología y por el número de muertos— de todas las de la guerra civil española. Por algo algunos historiadores bautizaron a Teruel el Stalingrado español.

Pero esta mañana el frío es una ficción, con los quince grados que marca el termómetro, una anomalía térmica que a la gente de la zona cada vez le sorprende menos, hecha como está ya al cambio climatológico que se está produciendo desde hace tiempo. Lejos quedan ya aquellos inviernos en los que las temperaturas no subían de cero grados durante semanas y las heladas y las nevadas hacían crujir la tierra condenando a los vecinos de estos pueblos a hibernar y a guarecer a sus ganados en cuadras y corralizas para que no se murieran de frío. En San Martín del Río, en Báguena, en Burbáguena, pueblos por los que paso camino de Calamocha, los vecinos recuerdan esos inviernos, pero, como la Guerra Civil, los ven ya como algo remoto, un recuerdo de los más ancianos que sólo de cuando en cuando algún viajero extraño y solitario se empeña en desempolvar. «¡Uff! ¡Y cuánto hace de eso!», me respondió un vecino de San Martín del Río al que le pregunté si llegó a ver por su edad el paso de los convoyes de militares por la estación del tren de su pueblo camino del frente.

Pero la Guerra Civil sigue presente entre los vecinos de todos estos pueblos de Teruel, tanto los que la sufrieron directamente como los que la sintieron cerca, como estos con los que ahora me cruzo camino de Calamocha por una carretera que va en paralelo a la vía del tren por la que los convoyes militares pasaban sin que sus ocupantes pudieran ver, pues era de noche, los campanarios mudéjares de las iglesias de Báguena y Burbáguena o el puente romano de Luco, auténticas joyas arquitectónicas y de ingeniería civil que han sobrevivido a mil guerras, prueba de que las grandes obras a veces resisten a la destrucción. Una suerte que en otros lugares no han tenido según comprobaré en este viaje por un territorio castigado como pocos por la capacidad destructiva del hombre.

En Calamocha, a donde llego ya avanzado el mediodía, por lo que encuentro el pueblo casi desierto, el caserío tampoco sufrió las consecuencias directas de la guerra a pesar de su proximidad al frente y de albergar un aeródromo militar desde el que despegaban los aviones alemanes e italianos que bombardearon Teruel, setenta kilómetros al sur. Aunque fue objetivo por ello de algún ataque enemigo, tuvo la suerte de resultar incólume, como se puede advertir en un paseo por su parte antigua, pues la moderna, que es la que bordea la carretera nacional y que parece la más habitada ahora, no existía todavía por entonces. Se nota en la edad de los edificios, algunos de ellos hoteles de carretera en los que deben de pernoctar camioneros de camino hacia Valencia o Zaragoza y visitantes ocasionales de esta provincia alejada de las rutas más turísticas pese a la gran belleza de muchos de sus pueblos y ciudades. No es el caso de Calamocha, aunque su casco antiguo tiene también interés, sobre todo en el entorno de su iglesia parroquial, un edificio voluminoso como es costumbre en los pueblos aragoneses, sobre todo si son grandes como éste. En mitad de una plaza vacía ahora de gente (es la hora de comer), se alza majestuosa dominando el caserío y el páramo que lo rodea, ese que el frío bate en invierno sin compasión pero que hoy no me ha recibido al llegar aquí como imaginé. ¡Con lo que mi padre me habló del frío de Calamocha!

—¡Ahora ya no hace frío! —me reconviene Luis, el dueño del restaurante que lleva su nombre: El Rincón de Luis, cerca de la plaza y en el que como estupendamente acordándome de mi padre, que no tuvo tanta suerte, ni con el tiempo ni con la comida, al pasar por Calamocha. Eran otras circunstancias.

Luis me señala en un mapa cuando acabo de comer la situación del antiguo aeródromo («Pero ya no hay nada, es un campo más», me advierte) y de la estación del tren («Está abandonada», me dice, por si yo no lo supiera ya) y con sus indicaciones me voy en busca de ellos cruzando el casco antiguo de Calamocha en dirección a la carretera en la que dejé estacionado el coche. Por el camino, apenas me cruzo con algún vecino y con niños que juegan en las plazoletas, muchos de ellos de origen extranjero por su aspecto. Sus padres trabajarán en el campo o en la hostelería o en los varios secaderos de jamones que hay en la parte nueva de Calamocha y que se anuncian con grandes cartelones al pasar. Detrás de uno de ellos, en la ladera del monte, está el campo que fue aeródromo, hoy un gran terreno arado rodeado de naves y de caminos que las comunican. Nadie diría, viéndolo hoy como yo lo veo, que de aquí despegaran y aquí pudieran aterrizar aviones. Si el dueño de El Rincón de Luis y un matrimonio que me lo confirmó al llegar no me hubieran asegurado que este campo fue un aeródromo, nunca lo habría imaginado.

A la estación del tren voy en coche. Está en la vega, en el lado opuesto del pueblo, al final de una carreterita que comunica varias granjas y el barrio de la estación: media docena de casas que sus dueños conservan con esmero a juzgar por su buen estado. La estación, pequeña y de una sola planta, no como la de Daroca, también parece habitada (al menos tiene visillos en las ventanas de la vivienda y el jardín que hay delante está cuidado y protegido por una verja), pero de lo que fue su uso ferroviario queda muy poco. Incluso les faltan letras a los carteles que indicaban a los viajeros que habían llegado a Calamocha. Difícil imaginar las escenas que mi padre y Saturnino me contaron de la estación llena de alemanes de la Legión Cóndor a la llegada de su tren y más en esta dulce tarde del Jiloca en la que el sol ilumina y dora la vega y la senda que hoy sustituye a la vía del tren y por la que continuamente pasa gente caminando o en bicicleta aprovechando la paz de un domingo que ya toca a su fin, cuánto más imaginar el frío que mi padre y sus compañeros pasaron en la hora que estuvieron detenidos en mitad de la noche a dieciocho grados bajo cero esperando a recibir la orden de seguir hacia Caminreal.

Grullas en el anochecer

Caminreal, el pueblo en el que finalmente se detendrían y en el que acamparon hasta que cayó Teruel, está a diez kilómetros de Calamocha, es decir, a diez minutos en coche por carretera. Nada que ver con lo que el tren de mi padre tardó en hacer el trayecto, obligado a circular a oscuras para no ser detectado por los republicanos, que ya estaban a tiro de artillería, en las cercanas sierras de Cucalón y de Palomera, al norte y este de Caminreal. Cabe imaginar el silencio en el que los soldados irían en ese convoy, sabedores de tal circunstancia y embargados por la desazón y el frío. Y por el miedo, sobre todo los más jóvenes, esos que, como mi padre y Saturnino, se estrenaban en una guerra en la que hasta ese momento no habían tenido que participar.

Todo eso voy pensando mientras recorro los diez kilómetros que separan Calamocha de Caminreal sin detenerme a mirar El Poyo del Cid, la colina en la vega del Jiloca en cuya cumbre el guerrero castellano acampó durante un año con sus hombres y desde la que atacó a las distintas taifas que se repartían la actual provincia de Teruel para obligarlas a pagarle tributos, ni recordar que en Fuentes Claras, a mitad de camino entre El Poyo del Cid y Caminreal, tienen el récord de las temperaturas más bajas de la península ibérica en el siglo XX: treinta grados bajo cero en el invierno de 1963. Anochece y la luz decae poco a poco convirtiendo la vega del Jiloca en un haiku japonés, nada que ver con batallas históricas ni con el frío de pasados tiempos; al revés: todo parece apacible, como si el anochecer hiciera del paisaje una gran gasa que recoge los colores de un cielo del que se despide el sol convirtiéndolo en una lámina pintada, una acuarela de tonos rojos y azules por la que se deslizan bandadas de aves. En el silencio del atardecer, los pueblos del Jiloca ven deshacerse sus líneas mientras por la autovía Mudéjar, la nueva vía que comunica el Mediterráneo con Zaragoza y que hasta Caminreal discurre en paralelo a la antigua carretera nacional (poco después de Caminreal la autovía sigue hacia Zaragoza por Cariñena), las luces de los camiones y de los coches comienzan a anticipar el anochecer. Un anochecer que caerá cuando yo esté ya frente a la estación que lleva el nombre compuesto de Caminreal-Fuentes Claras por servir a los dos pueblos y que es la primera que continúa en servicio de la antigua línea férrea entre Valencia y Calatayud, como me contó Gerardo, el ferroviario bilbilitano enamorado de los trenes. A partir de Caminreal, un ramal sale hacia Zaragoza, de ahí que la estación (de 1933 según el letrero, aunque hay otra, de piedra, más antigua, cerca de ella) esté rodeada de hangares y depósitos de agua, pese a que hoy no haya nadie por aquí. Al parecer, apenas paran ya trenes en la estación, por lo que me contarán tres hombres que vienen paseando en bicicleta de

Fuentes Claras hacia su pueblo, que está más abajo de Caminreal.

—Torrijo del Campo —me dicen, parándose para hablar conmigo.

Estamos frente a la estación del tren, en el camino que corre en paralelo a la vía y que es de tierra y muy ancho. Somos los únicos que estamos aquí a esta hora, aunque de fondo se oyen sonidos de tractores y voces de gente, por Caminreal. El pueblo está a un kilómetro y en el atardecer imagino el descenso de los soldados en la oscuridad de la noche y su marcha en formación hacia las eras en las que acamparon, al otro lado del pueblo, cerca de la moderna autovía. «Esto era un trasiego continuo de tropas», me dicen los de Torrijo, que ya están jubilados y que por su edad, aunque no alcanzaron a vivir la guerra, se criaron oyendo historias de ésta, incluso la sufrieron en sus familias. «En estos pueblos, la Guerra Civil ha estado viva hasta hace muy poco», apostilla uno de ellos.

Pero es difícil imaginarlo viendo este atardecer tan plácido y esta estación neomudéjar que parece estar en obras a tenor de las alambradas que impiden el paso a ella y escuchando a estos tres vecinos de Torrijo cuya tranquilidad de ciclistas aficionados contagia aún más su campechanía. Ninguno de los tres va vestido de ciclista y el único que lleva casco de protección lo cubre con una visera. Si algo faltaba en este lugar para disipar los ecos de la guerra está su imagen de hombres tranquilos y sin ningún rencor. Y eso que el padre de uno de ellos la hizo con los republicanos y sufrió las consecuencias, incluso estuvo en la cárcel durante un tiempo, según comenta.

—Estaba trabajando en Valencia y la guerra le cogió allí... —dice como explicación.

Los jubilados de Torrijo siguen camino en sus bicicletas y yo me quedo ante la estación contemplando el incendio que en el edificio se está produciendo ahora. Las tejas y los ladrillos, con el último sol del día, arden contra el horizonte propagando su fuego a los antiguos depósitos de agua y a los carteles de hierro, cuyo óxido también se incendia. La imagen de la estación de Caminreal, en la que desembarcó mi padre una madrugada gélida de 1938, es ahora una estampa del Far West más que la de un lugar de Aragón, una fotografía de cine en la que sólo falta un tren envuelto en vapor deteniéndose ante un andén desierto en el que nadie espera al hombre que baja de él. Poco a poco, sin embargo, el incendio se diluye y, en su lugar, el anochecer se abre paso en el paisaje y en los tejados de la estación sobre los que cruzan ahora en dirección al oeste grandes bandadas de grullas negras. Van hacia Gallocanta, la laguna que las acoge temporalmente en su emigración de ida y vuelta entre el sur y el norte de Europa y que es uno de los atractivos turísticos de esta comarca junto con sus viejos pueblos. Hasta sesenta mil grullas y doscientas mil aves de otras especies se llegan a concentrar en esa laguna, que es la mayor de España según parece. Viéndolas surcar el cielo, mientras el anochecer cae sobre la estación de Caminreal, con los montes Universales diluyéndose al oeste, es imposible imaginar este lugar lleno de militares muertos de frío camino de un destino que ya tenían muy cerca, detrás de esas sierras negras que acompañan a la vega del Jiloca por la izquierda hacia Teruel, donde hace ochenta y seis años se libró la batalla más cruel de la guerra civil española.

Las eras de Caminreal

En las eras de Caminreal, una explanada llena de corralizas y parideras para el ganado, viejas casetas de tapial de barro que resisten con dificultad el paso del tiempo entre naves de nueva construcción y maquinaria agrícola de todo tipo, mucha de ella oxidada y ya inservible, acamparon mi padre y sus compañeros de expedición cuando llegaron al pueblo de madrugada, según mi padre y Saturnino me contaron muchas veces. Venían muertos de frío y de hambre y lo primero que hicieron apenas acamparon fue una hoguera con los palos que encontraron por el suelo para calentar los botes de carne que traían en sus petates como ración. Según su testimonio también, no habían hecho más que poner a calentar los botes cuando un militar «con barbas y capotón» les apagó la lumbre de dos patadas recriminándoles su inconsciencia: «¡¿Pero qué hacéis?! ¡¿No veis que el enemigo nos está viendo?!», les gritó señalándoles la sierra que se dibujaba a la luz de la luna a pocos kilómetros, donde al parecer ya estaban los republicanos. Fue el bautismo de fuego de mi padre y Saturnino en una guerra que a partir del siguiente día conocerían ya de verdad.

Yo recuerdo ese suceso mientras, después de dormir y desayunar en el Área 176, el motel de carretera así bautizado por estar en ese kilómetro de la autovía Mudéjar, que lo separa de Caminreal, me acerco hasta sus famosas eras (famosas para mí, que oí hablar de ellas tantas veces), llenas de actividad a esta hora. Varios camiones cargan mercancía en un almacén de piensos mientras vecinos del pueblo se afanan en sus trabajos, como los dos con los que me encuentro al lado de su tractor apenas entro por el camino que conduce al pueblo. Son padre e hijo y se llaman Vicente y Fran. El padre, más hablador, me cuenta de la guerra en este sitio y de las circunstancias que vivieron los soldados, obligados a soportar en las casetas de barro que nos rodean o en tienda de campaña las bajas temperaturas de un invierno que los viejos recordaban como uno de los peores del siglo xx. Arrancaban las puertas y las ventanas de los pajares, me dice Vicente, para hacer lumbre, señalando el centenar de pequeños edificios salpicados por las eras, una planicie de varias hectáreas entre la autovía y el pueblo que en tiempos fue utilizada para trillar pero que hoy, reconvertidos en granjas muchos de aquellos pajares, tiene un uso más ganadero que agrícola. En uno de ellos, quizá el de Vicente y Fran, estuvo delirando por la fiebre mi padre varios días a consecuencia de la pulmonía que cogió al poco de llegar aquí y de la que su amigo Saturnino se acordaba muchas décadas después, puesto que, según me contó, cuando volvían del frente él y otros compañeros se abrazaban a mi padre, que era una estufa humana por la fiebre, para poder entrar en calor. Nos pegábamos por dormir con él, se reía Saturnino al recordarlo.

Vicente, cuya madre nació el mismo año de 1938 en el que sucedían esas historias, no las llegó a conocer, como es natural, pero sí le contaron otras de soldados muertos por congelación. Mojados y sin suficiente ropa (muchos soldados republicanos iban en alpargatas según se advierte en las fotografías y el calzado de los franquistas no debía de ser mejor) y a dieciocho o veinte grados bajo cero, las muertes y las amputaciones de miembros por congelación no fueron algo excepcional en Teruel, al revés. Según los historiadores, las bajas por el frío en esta provincia fueron un tercio de las totales y las amputaciones de miembros estaban a la orden del día. En los hospitales de campaña que había por toda la zona los médicos militares se dedicaban casi tanto a amputar extremidades como a curar las heridas de la metralla y las bombas.

—Muy mal lo tuvieron que pasar —dice Vicente recordando a los soldados que aquí lucharon en la guerra.

Luis Fuertes Latorre, un vecino que viene de paseo, nació también en 1938, así que conoció la guerra por referencias, como la madre de Vicente. Recuerda haber oído que muchos pajares de los que vemos a nuestro alrededor ardieron en el intento de los soldados por hacer hogueras para calentarse y también que comían por las calles el rancho que preparaban en una casa del pueblo, a falta de comedores en los que poder hacerlo. Luis Fuertes Latorre, que también fue agricultor como sus vecinos Vicente y Fran, trabajó hasta los setenta y cinco años, dice, pero ahora, jubilado, se dedica a pasear y a disfrutar de un merecido descanso. Aparte de los ecos de la guerra, que todavía perduraban en la zona cuando era niño, el hombre recuerda una larga vida de trabajo en un tiempo en el que no había los adelantos de los que hoy disfrutan los agricultores:

—Me acuerdo de salir a las cuatro de la mañana a recoger el azafrán —dice evocando un cultivo que abundó en todo el campo de Calamocha pero que ha desaparecido casi completamente por los altos costes de su recolección—. Hay que coger las *rosicas* una por una y no compensa. Antiguamente sí, porque los trabajadores que venían de fuera, de Andalucía y Extremadura, cobraban muy poco.

Luis Fuertes se va hacia el pueblo y Vicente y su hijo Fran se suben a su tractor para ir en busca de leña, pues mañana les traen una partida de lechones y tienen que calentar la granja, me dicen, y yo me quedo vagando entre los pajares, muchos de ellos ya vacíos pero otros reconvertidos en apriscos donde se hacinan cabras y ovejas, imaginando lo que sería esta explanada cuando mi padre y sus compañeros acamparon en ella. Desde aquí los llevaban al frente en tren o en camiones (en tren hasta la estación de Cella, la última en poder del Ejército franquista, a pocos kilómetros ya de las líneas), pero por la noche regresaban a dormir salvo los soldados a los que les tocara guardia. ¿Cómo serían las noches en esta explanada con centenares de militares muertos de frío y que al amanecer tenían que volver al frente? ¿De qué hablarían entre ellos? ¿Hacia qué hogares y qué personas volaría su imaginación mientras intentaban calentarse al lado de hogueras incapaces de contrarrestar las gélidas temperaturas de aquellas noches que los supervivientes no olvidarían jamás? «Muy mal lo tuvieron que pasar», resuena en mi cabeza la frase de Vicente, que les oyó tantas veces a sus padres referirse a aquel invierno de 1938 en el que Caminreal ardía entre ventiscas de nieve y bombardeos de la aviación.

Caminreal, sin embargo, hoy, es un pueblo tan tranquilo que cuesta imaginar aquellos días pese a las historias que recuerdan sus vecinos, agricultores ya jubilados la mayoría que contemplan la mañana y mi paso por las calles con la indiferencia de los de cualquier lugar. En el único bar abierto un grupo de parroquianos toma el café de media mañana mientras algunas mujeres barren las aceras o hacen la compra observándome con curiosidad al pasar delante de ellas. No parece que vengan muchos extraños a Caminreal y menos desde que hicieron la autovía, que salva el pueblo sin pasar por él como antes hacía la carretera de Calatayud a Teruel. El camino real al que se refiere el nombre de la población.

—Caminreal siempre fue un sitio estratégico. Por aquí pasa la carretera de Teruel a Zaragoza y aquí enlaza con ella la de Alcañiz, que luego sigue hacia Cataluña. Y lo mismo pasa con el tren, pese a que el ramal que iba a Calatayud ya no funcione —me cuenta otro jubilado con ganas de hablar que resulta ser primo de Luis Fuertes Latorre y al que encuentro en la plaza del Ayuntamiento. Acaba de salir de arreglar unos papeles y se le ve orgulloso de ser de Caminreal aunque se lamente de su decadencia—. Cada vez somos menos vecinos —dice evocando los tiempos en los que sólo en las casas de la estación del ferrocarril vivían quinientas personas, tantas como hay hoy en todo el pueblo.

Vicente Latorre, el primo de Luis Fuertes Latorre, se sube al coche con su mujer y se va no sin antes recomendarme una visita a la iglesia, «que está aquí al lado y es muy bonita», y a las trincheras de la guerra que han recuperado en un pueblo vecino (hay otras cerca de Caminreal, «en un *cerrico* frente al hotel, pero son pequeñas») y que están, según él, igual que cuando las hicieron. Y también, si quiero saber más de lo que pasó en Caminreal en la guerra, que pregunte por Aurora, la vecina más vieja del pueblo, que a sus noventa y seis años lo recuerda todo perfectamente.

—¿Y dónde vive la señora Aurora?

—En la calle de las Eras, por donde vino, en una casa blanca con muchas flores en las ventanas —me dice Vicente arrancando su coche.

La iglesia, un edificio majestuoso como la mayoría de las de estos lugares, está al final de una calle, casi al borde de la vega del Jiloca, cuya paz prolonga la del pueblo, y tiene una torre de inspiración levantina igual que tantas otras de la provincia de Teruel y una placa en la fachada que recuerda a los «Caídos por España» (los de Caminreal, los de otros sitios no importan, pese a que a muchos los enterraron aquí), pero está cerrada a esta hora, por lo que no puedo verla como me recomendó Vicente Latorre. No así la casa de

Aurora, aunque su hijo, cuando me abre, la disculpe por no poder recibirme. Está en la cama, me dice.

—Vaya... —lamento la noticia, que a la edad de Aurora no debería sorprenderme. Al parecer, lleva unos días enferma—. Que se mejore su madre —le digo al hijo siguiendo mi camino hacia las eras, que es el sitio de más actividad de todo el pueblo, esta mañana al menos.

«Muy mal lo tuvieron que pasar...», resuenan en mi cabeza las palabras de Vicente otra vez mientras contemplo ahora esta explanada salpicada de pajares y corrales de ganado que presenta una apariencia apacible, con los vecinos yendo y viniendo con sus tractores y sus ovejas y cabras asomándose a las cercas para mirarme al pasar, pero en los que hace ochenta y seis años temblaban de frío y de miedo docenas de jóvenes como mi padre que habían llegado hasta aquí desde lugares remotos para enfrentarse a una guerra que se cobraría la vida de muchos de ellos y que a los supervivientes los dejaría marcados para siempre. Nadie vuelve de una batalla siendo el que era y menos de una batalla tan cruel como la que aquí se libró, tanto que su sonido aún resuena en la memoria de los vecinos de estos lugares que, igual que los soldados, la sufrieron en sus carnes y aún la recuerdan con pena y miedo. Como mi padre mientras vivió, aunque cuando él lo contaba no lo escuché, de lo que nunca me arrepentiré bastante y más esta mañana en la que todo le evoca pese a que por la autovía cercana los coches y los camiones pasen metiendo ruido ajenos a mi presencia y a las historias que aquí sucedieron. Como el poeta polaco Adam Zagajewski, cuya familia vivió otra guerra, la que libraría Europa poco tiempo después de la española, yo podría decir ahora si mi padre viviera y me pudiera escuchar: «Le pregunto a mi padre: ¿qué haces todo el día?... / Recordar».

Las trincheras de Rubielos de la Cérida

A Rubielos de la Cérida, como se llama el pueblo de las trincheras que me recomendó visitar Vicente Latorre, se llega por una carreterita que parte justo de enfrente del Área 176, el motel de la autovía en el que pasé la noche (en mejores condiciones que mi padre y Saturnino sin duda), y sube hacia los montes que se elevan por el este, hacia esas sierras que dividían el Teruel republicano del franquista desde el inicio prácticamente de la contienda civil. Como se puede ver en los mapas históricos, Aragón quedó dividido en dos partes, la republicana al este y la autodenominada nacional al oeste, división que llegaba por el sur hasta la capital, Teruel, fiel a los sublevados desde el primer día de la guerra pero rodeada por los republicanos prácticamente también desde ese momento. De ahí que fuera siempre una pieza codiciada por éstos y que se convirtiera en objeto de una gran batalla. Teruel fue la única capital de provincia española que cambió de manos dos veces a lo largo de la guerra.

Todo esto voy pensándolo mientras asciendo hacia las montañas entre carrascas y campos de cereal, un paisaje que recuerda sin necesidad de mucha imaginación al de las películas sobre la Guerra Civil de García Berlanga o del inglés Ken Loach, rodadas algunas por esta zona, o al de la que dirigió el francés André Malraux en plena contienda. El título con que la bautizó: *Espoir. Sierra de Teruel*, hace alusión a estas sierras que recorren una provincia tan hermosa como dura tanto por su climatología como por la delgadez y pobreza de sus suelos. Si ya lo es el de las llanuras y el de los valles que forman sus ríos de nombres tan sonoros como exiguos de caudal (el Guadalaviar, el Turia, el Jiloca, el Alfambra...), más lo es por estas alturas que el viento bate sin compasión, obligando a las aldeas a esconderse en los hondones del terreno y a sobrevivir de lo poco que pueden sembrar en el fondo de éstos y de la ganadería, cada vez más escasa como sus habitantes, diezmados sus censos por la emigración. En la que voy a ver ya me advirtió Vicente Latorre que igual no encontraba a nadie, puesto que, al parecer, queda poca gente y los dos vecinos que todavía labran el campo viven en Calamocha, desde donde se desplazan cada día para trabajar en él. Pero, por suerte, el temor de Vicente Latorre no se cumple y al llegar a Rubielos de la Cérida, un centenar de casas arracimadas al pie de la iglesia en un costado del monte, encuentro a una pareja que me recibe con hospitalidad. Viven en Zaragoza, pero hoy están aquí aprovechando la fiesta de San Valero, el patrón de la capital de Aragón. La mujer, que es natural de Rubielos, lo único que sabe de la guerra es que a su abuelo, que era el alcalde del pueblo entonces, lo asesinaron, aunque no está segura de quiénes, si los republicanos o los franquistas.

—¿Su abuelo era de izquierdas o de derechas? —le pregunto por intentar resolver la incógnita.

—Creo que era de izquierdas —me responde.

—Pues entonces lo matarían los de Franco —aventuro.

—Da igual —me responde ella sin mucho interés—. El caso es que lo mataron.

Uno de los dos vecinos que, según Vicente Latorre, sigue en activo en Rubielos aparece en su tractor por un camino justo cuando me dispongo a volver al coche con intención de llegar a las trincheras siguiendo las indicaciones de la pareja de Zaragoza, que tampoco son muy precisas. Saben en qué dirección están (al otro lado de la ladera contra la que se recuesta el pueblo), pero dudan si debo ir a través de éste o rodeándolo para no perderme. El del tractor (y puro en la boca) lo tiene más claro. Dé la vuelta, me dice, y coja el desvío que vio a la entrada del pueblo y siga por él.

—Están detrás de esa loma. —Me señala con la mano sin bajar de la cabina—. Verá un cartel grande a la derecha, no tiene pérdida.

—¿Cuánta gente vive en Rubielos? —le pregunto sabedor de que él va y viene de Calamocha.

—Pocos, cada vez menos —me responde con indiferencia.

A las trincheras llego en pocos minutos. Como dijo el del tractor, están doblada la loma, dando vista a la llanura del Jiloca, que dominan desde las alturas. Aquí, pienso, debían de estar los republicanos que el militar con barbas y capotón que deshizo a patadas la hoguera que mi padre y Saturnino prendieron apenas llegaron a Caminreal para calentar su cena señalaba en la noche, aunque un cartel de información me desmiente.

La posición fortificada de los Pilones, como se denomina el sitio, fue hecha por los soldados franquistas y no por los republicanos, que aún debían de quedar algunos montes más atrás. Fueran quienes fueran los que las excavaron, las trincheras de Rubielos de la Cérida impresionan por su morfología, una estructura en zigzag a lo largo de la ladera del monte fortalecida con hormigón en algunas zonas y salpicada de puestos de tirador y de búnkeres para guarecerse de la aviación y del frío, y por su estado de conservación. Aunque reconstruidas en parte según el letrero, el conjunto está tan completo que sólo le faltan unos actores vestidos de militares para que el visitante crea que la Guerra Civil continúa aún. Una impresión a la que contribuye el viento, que a pesar de la bondad de la mañana sopla con fuerza aquí arriba, lo que hace imaginar cómo lo haría en aquellas noches en las que los soldados ocuparon de verdad estas trincheras ahora vacías y olorosas a tomillo y a romero en vez de a pólvora. A saber si mi padre no sería uno de ellos, pienso mientras las recorro contemplando el valle que se abre abajo y por el que habría de llegar el enemigo si quisiera conquistarlas y pasar hacia Rubielos, cosa que al parecer nunca sucedió. Según el letrero de información, la posición de los Pilones no llegó a ser atacada, lo que explica que se conserve tan bien.

—Veo que las encontró —me saluda una mujer que aparece con un hombre cuando ya regreso hacia el coche—. Soy hija de Vicente Latorre, el que le dijo en Caminreal que viniera a ver las trincheras —me explica saliendo al paso de mi sorpresa.

Como la de Rubielos, la pareja también vive en Zaragoza y está aquí aprovechando la fiesta de San Valero, que, por lo que se ve, ha provocado una desbandada en la capital de Aragón. Normal que así suceda, pues la mitad de los turolenses viven en ella y regresan a sus lugares de origen en cuanto tienen un día libre. Aunque abandonada y pobre, la tierra tira y la distancia tampoco es tanta como para no venir.

—Hora y media —me dice la hija de Vicente Latorre intentando protegerse del viento mientras camina hacia las trincheras seguida por su marido.

Dicen los libros de historia (*La batalla de Teruel*, de David Alegre Lorenz, *La guerra civil en la comarca del Jiloca*, de Alfonso Casas Ologaray, *Teruel, el Stalingrado español*, del mismo autor...) que en Rubielos de la Cérida estaba el límite a partir del cual se entraba en territorio prohibido, pues los republicanos ya se encontraban en las alturas de enfrente, en esa sierra de Palomera que separa la llanura del Jiloca del valle del río Alfambra, y que desde aquí lanzó su ataque el general Yagüe en una operación de ruptura que comprendió todo el arco que va del puerto de Portalrubio, en la carretera de Alcañiz, al este de Caminreal, a Celadas, ya a tiro de obús de Teruel, y en la que participaron numerosas divisiones, entre ellas la de la caballería del general Monasterio, en la que se ha considerado la última carga de la caballería en una guerra, y que supuso un éxito total para los franquistas. Rotas las líneas republicanas por ese flanco, Teruel quedaba prácticamente rodeada (tan sólo por el sur la ciudad seguía unida a territorio en poder de la República) y su caída era ya cuestión de tiempo. Hoy cuesta, sin embargo, imaginar esos combates a la vista de estos montes silenciosos y tranquilos por los que la carretera comarcal de Rubielos de la Cérida a Argente me lleva cruzando campos vacíos y sin ver a nadie durante kilómetros. Ni siquiera una granja o una majada que señalen la presencia de animales o personas. Imaginar este territorio lleno de militares y de maquinaria bélica y envuelto en ruido y en humo de bombardeos se hace difícil pese a que la historia diga que así ocurrió. Y más esta mañana soleada en la que las montañas parecen disfrutar de tanta paz, lejanos ya los tiempos en los que les tocó vivir un apocalipsis protagonizado por hombres y no por dioses en medio de un temporal de nieve que apenas si permitía ver. Ni leyendo los relatos de los historiadores y de los supervivientes que nos dejaron sus testimonios escritos ni viendo las fotografías de los corresponsales de guerra que acompañaban a unos y a otros contendientes puede uno imaginar lo que debió de ser este territorio que ahora atravieso en silencio, sobrecogido por el recuerdo de lo que en él sucedió como si estuviera en un lugar sagrado. En cierto modo lo es, pues en su soledad y mutismo conserva la memoria de unos hechos que han pasado a la historia de España por su trascendencia. En apenas cuatro días, los que fueron del 5 al 8 de febrero de 1938 (la ofensiva estaba prevista para el día 3, pero la densa niebla la impidió ese y el siguiente día ante la imposibilidad de que la aviación pudiera intervenir), en esta sierra ahora tan silenciosa se libró la batalla que decantaría a favor de los sublevados la definitiva de Teruel al desmoronarse la resistencia republicana al norte de la ciudad y, a la postre, el decurso de la guerra. Leo en el libro de David Alegre Lorenz, parado el coche al borde de la carretera: «La ofensiva del Alfambra, tremendo éxito operacional del bando rebelde y debacle absoluta para el Ejército Popular, se saldó con unas bajas relativamente escasas, al menos teniendo en cuenta la envergadura y ambición de las operaciones. El balance total de heridos y muertos fue el equivalente al 5 y el 9 por cien de las bajas sufridas durante el conjunto de la batalla de Teruel, entre 3.600 y 4.500 hombres, una prueba indudable del efecto sorpresa logrado, pero también de la efectividad alcanzada por las tropas de Franco en aquella operación. Tal y como reflejan los informes del Corpo Truppe Volontarie, el triunfo de las armas rebeldes se explicaba en buena medida por la notable superioridad material y en efectivos de las fuerzas atacantes, pero también por su moral más elevada, que tenía mucho que ver con la frescura de las tropas del Cuerpo de Ejército de Marruecos, implicado por primera vez en la batalla de Teruel». Más allá de los fríos datos, testimonios como el del legionario británico Peter Kemp que el historiador incluye en su descripción dan una idea mejor de lo que los combates en este lugar debieron de ser: «Al caer las bombas vi una llamarada amarilla; un gran surtidor de tierra saltó en la ladera, a cien yardas de nosotros. Me eché al suelo apretando la cara contra la roca, protegiéndola con los brazos. Un segundo después la montaña parecía desgarrarse entre convulsiones de llamas. La tierra temblaba y el aire estaba lleno de metralla y piedras. Las explosiones nos martilleaban los oídos y desgarraban los uniformes». O este otro de un vecino de la zona al que le tocó hacer de enterrador forzoso y que David Alegre Lorenz también recoge en su relato de los combates que por aquí se libraron y que da una idea de su ferocidad: «Se hablaba de treinta y ocho cadáveres, pero eran muchos los soldados que se habían quedado en esos picos para siempre. No quise contarlos. A los muertos hay que darles sepultura cuanto antes y ya llevaban los pobres varios días esperando. Tampoco sabría decir cuántos eran de un lado y cuántos del otro; la lucha había sido violenta y algunos cuerpos presentaban un estado lastimoso; incluso los uniformes parecían desteñidos por el frío [...]. La Legión entró a cuchillo, eso se notaba en las heridas y los desgarros de los cadáveres; y tal como los habíamos visto la víspera por el pueblo, subieron con bastante coñac en el cuerpo, más del imprescindible para tutearle al frío de la madrugada...».

Cierro el libro y miro a mi alrededor. La sierra de Palomera, donde ocurrieron esas historias, sigue inmóvil frente a mí, como pintada en el horizonte, e igual sucede con la carretera, por la que sigue sin pasar nadie desde que yo me detuve, creo que desde que la tomé en Rubielos. El mapa dice que un poco más adelante encontraré el desvío a Bueña y a Villafranca del Campo, a la derecha, pero que, si continuase recto, llegaría a Visiedo, en cuyos altiplanos cerealistas, del otro lado del cordal, se libraron los principales combates de la ofensiva del Alfambra, pues por ellos entró el grueso del Ejército franquista aprovechando una depresión que comunica el valle del río Jiloca con aquél. Dudo qué hacer. Me atrae ver el escenario en el que, según los historiadores, tuvo lugar la última carga de la caballería militar de la historia, protagonizada por los 3.500 jinetes del general Monasterio, que arrasaron las defensas de los republicanos, pero la razón me dice que debo regresar a mi punto de partida, pues mi padre no participó en aquélla, que yo sepa, y sí, en cambio, por las informaciones de las que dispongo, en el avance hacia Teruel por el Jiloca, con presencia segura en el Cerro Gordo de Concud, donde Saturnino y él vieron el primer muerto en combate el día en el que se estrenaban como soldados del Ejército de Franco apenas horas después de haber llegado a Caminreal. Bueña, un pueblo metido en una hondonada, me recibe desierto y silencioso, pues es la hora de comer, e igual sucede con Villafranca del Campo, ya en la vega del Jiloca y por eso mismo mucho mayor, sin rastro en sus caseríos de la guerra que se libró en sus términos y que en el caso de Bueña llegó a afectarle directamente, pues sufrió un ataque de los republicanos que buscaba alcanzar el Jiloca por ese lado con el fin de cortar las comunicaciones con Zaragoza pero que rechazó una compañía de guardias civiles conocida como La Calavera por el símbolo que llevaban en sus uniformes. Tristes tiempos en los que a la muerte se le rendían honores además de procurarla de todas las formas posibles, pienso mientras contemplo por el retrovisor del coche el perfil de la sierra Palomera recortada contra el cielo de Teruel; un perfil que me acompañará ya el resto del viaje hasta la capital de la provincia, como a mi padre y a sus compañeros ochenta y seis años atrás.

Pocos recuerdan ya en Singra

Lo que los republicanos trataron de hacer con su ataque a Bueña del verano de 1937, esto es, alcanzar la llanura del Jiloca e interceptar las comunicaciones por ese lado del Ejército de Franco, lo volvieron a intentar meses más tarde por Singra, localidad situada a pocos kilómetros en dirección a Teruel, cuando ya esta ciudad había sido tomada por el Ejército Popular y mi padre andaba por estas tierras portando con Saturnino la radio de transmisiones al lado de algún mando militar franquista. La batalla de Singra, como se la bautizó, fue el último intento de los republicanos por contrarrestar el avance de los sublevados hacia la capital del Turia atacándolos por su flanco izquierdo y se produjo en vísperas precisamente de la ofensiva franquista sobre el Alfambra que precipitaría la caída de aquélla. La misma idea pero con un resultado muy diferente para desgracia de unos y alivio de otros.

Según los historiadores, el ataque sobre Singra duró cuatro días con sus noches y dejó numerosas bajas en los dos bandos, puesto que se llegó a luchar cuerpo a cuerpo en los alrededores de la carretera de Zaragoza, que los republicanos cortaron por unas horas (no así la vía del tren, hasta la que no pudieron llegar) amenazando con dejar aisladas a las tropas del general Varela, que ya estaban a las puertas de Teruel. Aunque con muchas dificultades, los soldados de la República, procedentes del campo de Visiedo, habían logrado su objetivo pese a la delación de un médico militar que se pasó de bando la víspera del ataque eliminando el factor sorpresa, pero la aviación franquista, muy superior, los obligó a retirarse a sus posiciones después de un día entero de bombardeos. No sólo eso. El incidente de Singra les hizo replantearse a los generales franquistas su ofensiva frontal sobre Teruel mientras sus enemigos siguieran amenazando su flanco izquierdo desde sus posiciones en la sierra de Palomera, convenciéndolos de la necesidad de atacar éstas antes de continuar su avance por el Jiloca, cosa que harían a los pocos días sin que a las unidades republicanas que participaron en los combates de Singra les diera tiempo a recomponerse.

Pero todo eso es historia, relatos de historiadores que muy poca gente lee ya y menos en estos pueblos en los que los testigos de la guerra ya han fallecido todos y los que los sustituyen apenas se interesan por lo que les contamos los cuatro forasteros que llegamos siguiendo el rastro de nuestros antepasados o simplemente por curiosidad. Y es que además quedan ya muy pocos. En Singra, lugar parecido a Bueña tanto por su tamaño como por su emplazamiento, en las estribaciones de la sierra de Palomera pero a escasa distancia de la vega del Jiloca, que camina hacia su nacimiento en Cella, a pocos kilómetros de Teruel, no parece que vivan muchos vecinos a juzgar por la soledad de sus calles, que semejan las de un pueblo abandonado o a punto de estarlo pronto. A las cuatro de la tarde en Singra sólo se ven unos pocos coches estacionados frente a las casas y algún tractor, pero ni un alma a la que dirigirse. Doy la vuelta, de hecho, a todo el pueblo y no encuentro a nadie a quien preguntar. Menos mal que soy persistente y, tras dejar el coche a la entrada, al lado de un edificio con trazas de haber sido la escuela y de hacer ahora las veces de centro de reunión (cuando haya gente, supongo), vuelvo sobre mis pasos en busca de esos vecinos que sé que están ahí, mirando la televisión seguramente, sin saber que alguien ha llegado a su pueblo. Mi persistencia es recompensada porque por fin hallo a uno, un hombre de unos sesenta años que intenta arreglar algo en su tractor, que, me dice, está ya viejo y se estropea cada poco. El hombre vive en Valencia y viene una vez al mes para atender las tierras de su familia.

—Aquí queda poca gente —me dice—. Que trabaje el campo prácticamente uno: el dueño de esas naves que habrá visto al llegar. Tiene ovejas y cultiva todo el término del pueblo. Los demás son pensionistas.

—¿Y usted viene desde Valencia para trabajar las tierras? —le pregunto con asombro.

—No está tan lejos. —Me sonríe el hombre—. A una hora y tres cuartos en coche. Tampoco es tanto.

De la guerra sabe lo que les oyó a los viejos. Nada que no cuenten los libros de historia, aunque sí sabe dónde fueron enterrados varios de los soldados republicanos que aquí murieron. En una fosa común en el cementerio, me dice.

—Dicen que hay cerca de cuarenta. Todos republicanos, porque a los otros se los llevaron, según oí... ¿No tendrá usted algún familiar aquí? —me pregunta sospechando que quizá sea ésa la razón de mi presencia en Singra y de mis preguntas.

—No, mi padre estuvo por aquí en la guerra, pero por suerte salvó la vida...

El hombre guarda silencio. La guerra queda tan lejos que parece hasta anacrónico que estemos hablando de ella esta tarde en este lugar. Y, sin embargo, Singra irá siempre unido a ella, incluso cuando ya no quede nadie para recordarla.

Pradia no la recuerda ni sabe mucho de ella porque es marroquí, pero me recibe amable cuando aparece. De regreso hacia mi coche, he llamado a la puerta de su casa, que es la antigua del maestro, en la parte de atrás de las escuelas hoy convertidas en centro cultural por lo que parece, al ver un coche aparcado delante de ella. Pradia, cuyo marido cuida el rebaño de ovejas del único agricultor que queda en activo en Singra, lleva diez años viviendo aquí pero no sabe de la guerra más que que hay trincheras en los alrededores. En su pobre castellano me recomienda que hable con *el amo*, que ése sí sabe del pueblo, el de hoy y el del pasado.

—Estará en la nave. —Me señala la que se ve enfrente de nosotros.

En efecto, cuando Pradia está indicándomela, veo salir de la nave a un hombre y subirse en un tractor. Es *el amo*, José Luis, el patrón del marido de Pradia, que ahora está con las ovejas.

—¿Y les gusta vivir aquí? —le pregunto a la mujer.

—Sí —me contesta ella con acento del otro lado del Estrecho, que no ha perdido en todo este tiempo—. Aquí la vida es buena —me dice.

José Luis, al que me acerco, es un hombre amable y culto. Me saluda como si me conociera. De Singra lo sabe todo, pero también tiene su visión del mundo. De la despoblación del campo, que vive en sus propias carnes, por ejemplo, opina que no tiene solución. La gente no quiere vivir en los pueblos, asegura. Del futuro de Teruel opina igual:

—Hay provincias de primera y de segunda. Y Teruel es de tercera —dice con una sonrisa, y añade—: Cuando lo dejemos los pocos que quedamos —mira el campo alrededor—, esto va a ser un desierto.

Duele escucharle opinar así. Pero lo hace con conocimiento. José Luis es el último agricultor de Singra y, aunque ama su oficio y su pueblo, sabe que esto no tiene futuro. Es así, me dice sin ningún énfasis, convencido de que está en lo cierto. Y me responde cuando le pregunto por el pasado de Singra, no por su porvenir.

—Sí, sí, hay varias trincheras por aquí cerca —me dice—. Pero en coche no podrá llegar hasta ellas... ¿Ve aquel cabezo? —me pregunta señalándome una loma que se eleva ante nosotros al sur de la carretera por la que se llega a Singra—. Allí hay unas. Y otras en aquel de allí. —Señala en la dirección contraria—. Trincheras hay unas cuantas.

—¿Y viene gente a verlas? —le pregunto recordando los letreros que vi a la entrada del pueblo y que indican los vestigios de la guerra en esta zona.

—Sí viene gente, sí —dice José Luis—. Ahora más que antes, porque están haciendo publicidad de estas cosas y recuperando restos que ya estaban perdidos.

—Está bien que la gente conozca la historia... —le digo.

—Claro que está bien. Porque, si no, todo esto se pierde —asiente José Luis contemplando el ancho campo que se extiende frente a nosotros y en el que se destacan los cabezos en los que se libró uno de los combates más sangrientos de la batalla de Teruel; un combate hoy inimaginable a la vista de la paz que rodea a Singra, una aldea condenada, como tantas de la zona, al abandono si no media algún milagro cuando José Luis y los pocos vecinos que resisten en invierno o que vuelven desde lejos a cultivar las tierras de sus familias las dejen y se llenen de maleza como las trincheras que rodean al pueblo. O como muchas casas, cerradas a cal y canto después de todo lo que han vivido y han visto.

—Ojalá que no sea así —le deseo a José Luis dándole la mano antes de que se vaya a seguir con su trabajo mientras yo prosigo con el mío, que no es otro que viajar por un paisaje al que le sobran recuerdos y le falta presente, para desgracia de los turolenses.

Por los altos de Celadas

Hasta la estación de Cella, a veinte kilómetros de Teruel, llegaban los trenes con los soldados destinados a reforzar los frentes que rodeaban ya la ciudad en los días en los que mi padre arribó a la zona junto a otros miles de hombres procedentes de todas las partes del país. La vega del río Jiloca en aquellos días era el corredor por el que bajaban y subían las tropas, bien en camiones, por carretera, bien en convoyes ferroviarios que, además de soldados, transportaban víveres y material y que paraban para recoger más tropas en cada una de las estaciones de su recorrido: Monreal, Villafranca, Santa Eulalia... Incluso se decía que en uno de esos trenes que bajaban y subían por la línea, el conocido como Terminus, tenía su puesto de mando móvil el mismo Franco, quien así recibía lo más cerca posible del frente las novedades del general Dávila, el militar al mando de los tres cuerpos de ejército implicados en la toma de Teruel, además de la caballería del general Monasterio y de la aviación: el de Castilla, mandado por el general Varela, el Marroquí, por el general Yagüe, y el de Galicia, que dirigía el general Aranda, el defensor de Oviedo y bajo cuya autoridad debían de estar mi padre y Saturnino. Lo pienso porque Caminreal estaba en el territorio que le correspondía a Aranda, que tenía su puesto de mando en Santa Eulalia del Campo, aunque no estoy seguro de ello. En cualquier caso, pertenecieran al Cuerpo de Ejército de Galicia o no (en mi memoria tengo también una noticia difusa que sitúa a mi padre y a su amigo Saturnino con su radio acompañando a una sección de cañones antiaéreos de la Legión Cóndor alemana en algún lugar sin determinar y otra junto al general García Valiño, aquel que, según decían, tenía cara de niño pero al que le gustaba la guerra al decir de Saturnino, quien lo evocaba en el cerro Gordo exultante mientras bombardeaban Teruel como el militar norteamericano amante del napalm de *Apocalypse Now*), lo que está claro es que mi padre y su amigo bajaron por esta planicie que entonces estaría nevada y hoy reverbera bajo el sol de enero igual que los pueblos que se suceden a la derecha de la carretera; pueblos grandes con grandes iglesias que parecen formar parte del paisaje, como si su quietud deviniera de él. Vistos en la distancia, ninguno se diría afectado por la guerra salvo, quizá, el último antes de Cella, por su nombre: Villarquemado. Pero lo fueron. Durante toda la Guerra Civil, pero fundamentalmente durante la batalla de Teruel, todos los pueblos del Jiloca sufrieron las consecuencias de su proximidad al frente y aún perduran en la memoria de sus vecinos. Aunque ninguno de ellos fuera objetivo de bombardeos como otros próximos, sus poblaciones quedaron marcadas por el terror, que aún aflora a poco que se escarbe en sus recuerdos. Como me dirá Francisco Sánchez en Cella tras culminar viaje en Teruel (lo terminaré durmiendo en Albarracín, el pueblo más bello de la provincia, acogido a la hospitalidad de la Fundación Santa María, la responsable de que continúe siéndolo), todo Teruel sigue marcado por la guerra a pesar del paso de las generaciones, pues no hubo una familia que no sufriera sus consecuencias.

Cella queda a la derecha, detrás de una enorme fábrica cuyas columnas de humo flotan en la tarde quieta, pero yo giro a la izquierda sin acercarme a ver la fuente del Jiloca, que está en el centro de un pueblo que tiene en ella su origen. Es un manantial enorme que brota siendo ya casi un río y que he visto en algún viaje anterior, pero el de hoy me lleva en la dirección contraria, pues me conduce a los recuerdos de Saturnino, en los que el nombre del Cerro Gordo quedó grabado a fuego. No en vano desde él divisó Teruel por primera vez y no en vano en sus trincheras vio también el primer muerto en combate. No sería el último, para su desgracia, pues se contarían por cientos los que vería caer a su alrededor y los que encontraría tirados por todas partes en su camino hacia la sierra de Espadán, en Castellón. Un nombre que mi padre recordaba con horror, pues fue el lugar en el que Saturnino y él más cerca estuvieron de morir y fueron muchos en los que se debieron de jugar la vida. El primero, estos altos de Celadas por los que yo conduzco ahora mi coche evocando esos recuerdos heredados o rescatados casi en el último instante de la memoria de Saturnino antes de que desapareciera.

Los altos de Celadas, como se conoce a este altiplano montaraz en el que finaliza la cuchilla de la sierra de Palomera antes de precipitarse en la depresión que forman al llegar ante Teruel los ríos Alfambra y Guadalaviar, que a partir de allí, ya unidos, cambiarán sus nombres por el de Turia, son un territorio duro batido por todos los vientos en el que, aparte de cereal, no crece otra cosa que el monte bajo y algunos pinos de repoblación reciente. Son las aliagas las reinas de este paisaje, sobre todo a medida que se asciende hacia los cerros que rodean su contorno, especie de miradores asomados a los lados del triángulo que el final de la sierra de Palomera forma apuntando a Teruel, perfectamente visible desde aquí arriba al otro lado de la hondonada, y en cuyo centro está el pueblo que da nombre al territorio, un lugar, como los anteriores de la vega del Jiloca, ni muy grande ni pequeño, ni mejor ni peor que los demás, pero que por su situación fue objeto de enfrentamientos y bombardeos durante toda la Guerra Civil, pues desde él se dominaban Teruel y los valles del Alfambra y el Jiloca. En el centro de la punta de la cuña divisoria, Celadas sufrió por ello como ninguno la guerra desde el primer día.

Leo en una página de internet: Celadas entre dos batallas, ya aparcado en su plaza principal, frente a la iglesia: «Durante la Batalla de Teruel, Celadas adquirió un gran protagonismo, siendo clave en el devenir de los acontecimientos. El 15 de diciembre de 1937 el Ejército gubernamental inició su ambiciosa ofensiva sobre Teruel, destinada a detraer fuerzas del bando nacional y rebajar su presión sobre Madrid. Este cambio de situación obligó a los mandos nacionales a destinar numerosas unidades para tratar de evitar la captura de la capital turolense. Celadas fue uno de los puntos de concentración de los efectivos movilizados [...]. El ataque se inició el 5 de febrero. Tras un intenso fuego artillero preparatorio, al que se sumó el bombardeo de la aviación, avanzó la infantería, buena parte de la cual partió de las inmediaciones de Santa Bárbara. Aunque las fuerzas republicanas combatieron bien, fueron incapaces de taponar las rupturas, lo que les obligó a replegarse para evitar quedar copadas. Pronto quedó abierta una brecha de más de 12 kilómetros en el frente republicano, por la que penetran las unidades de vanguardia de la 83.ª y 84.ª Divisiones, quedando los efectivos de la 59.ª Brigada partidos en dos. La superioridad nacional en el aire permitió detener los movimientos de las reservas republicanas. La derrota gubernamental fue completa, pero no sangrienta. El 7 de febrero, la 13.ª División acabó con los últimos núcleos de resistencia republicanos, entre ellos la Loma de Casares de Celadas. Los supervivientes de los combates se replegaron hacia el río Alfambra. El frente republicano de Celadas había sido completamente barrido». En internet también, buscando datos menos militaristas, encuentro este testimonio de un descendiente del pueblo, el estudiante Carlos Comín Lordán, que escribió su trabajo de fin de carrera para la Universidad de Zaragoza sobre la guerra en este lugar y que sobrecoge por su brutalidad: «Celadas tuvo la mala suerte de ser línea de frente durante casi toda la guerra. No sería hasta primeros de marzo de 1938 cuando el avance del ejército sublevado sobre la zona del Levante produciría un alejamiento del frente de batalla. [...] En 1937 el pueblo quedó prácticamente abandonado. [...] Cuando [los vecinos] regresaron al pueblo, no había tejados en las casas ni puertas, y hacía mucho frío, por lo que dormían con las ovejas en las parideras, al calor de éstas. [...] En 1939 todo el término estaba lleno de cadáveres. Los cadáveres de los caminos fueron los primeros en apartarse para dejarlos en las cunetas y que no impidiesen el acceso de las caballerías. Los muertos no eran gente del pueblo, todos eran soldados de ambos bandos. Como me describen mis abuelos, la inmensa mayoría eran muy jóvenes, entre 18 y 20 años...». Trago saliva pensando que ésa era la edad que tenía mi padre en aquel momento mientras me bajo del coche en busca de un lugar en el que borrar esa imagen terrible de los muertos atestando los caminos y los campos de este pueblo que hoy parece tan tranquilo pese a que algo en él lo distingue de otros. Son esas grandes fotografías que hay ante algunas fachadas y que recuerdan cómo quedaron las casas después de meses de bombardeos. Me lo dice en el bar de la plaza su actual dueño, un emigrante regresado al pueblo desde Cataluña. Aparte de él y de su mujer, en el bar a esta hora sólo hay un par de clientes y cuatro guardias civiles que me miran al entrar con desconfianza. Definitivamente, Celadas no parece un pueblo en paz.

Pero lo está. Me lo demuestran los dos clientes del bar, que en seguida se esfuerzan en ayudarme a encontrar mi objetivo en esta tarde, que no es otro que el famoso Cerro Gordo en el que mi padre y Saturnino recibieron su bautismo de guerra y en el que vieron su primer muerto a la mañana siguiente de haber llegado a Caminreal. Los dos me insisten para que visite también el de Santa Bárbara, cuyas trincheras acaban de recuperar, parece, y al que se llega sin pérdida por un camino que parte desde el mismo pueblo hacia el norte, al revés que al Cerro Gordo, cuyo acceso es más difícil. Les hago caso y, antes de encaminarme hacia éste, me acerco al cerro de Santa Bárbara, que está a dos kilómetros del pueblo y de cuya importancia en la batalla de Teruel hablan todos los libros de historia, pues fue el puesto de mando avanzado de Aranda, cuya imagen en esas trincheras junto a su Estado Mayor aparece en varias fotografías. Como las de Rubielos de la Cérida, parte de las trincheras del cerro de Santa Bárbara han sido reconstruidas, incluido el «Viva España» hecho con grandes piedras en torno a ellas para que la aviación nacional no se confundiera y las bombardeara por error, como en más de una ocasión sucedió dada la proximidad de las líneas republicanas y nacionales en esta zona.

Las trincheras del Cerro Gordo de Concud (por el pueblo sobre el que se sitúa) están al sur de Celadas, asomadas a los llanos que preceden a la muela de Teruel, cuyo *skyline* se divisa al fondo, al otro lado de la planicie, y no están tan bien conservadas como las de Santa Bárbara. Cuesta encontrarlas, además. De hecho, cuando me voy, lo hago sin saber si realmente he estado en el Cerro Gordo, ese del que tanto oí hablar a mi padre y a Saturnino, o en otro cercano a él. Fueran o no las trincheras del Cerro Gordo, las mismas en las que ellos recibieron su alternativa como soldados de Transmisiones a la mañana siguiente de haber llegado hasta esta provincia, lo cierto es que desde ellas el paisaje que se ve es el mismo que ellos vieron, hoy sin columnas de humo elevándose sobre Teruel fruto de los bombardeos de la artillería y de la aviación franquistas y sin el sonido de las explosiones que a Saturnino le hacían evocar el apocalipsis muchos años después de haberlo vivido pero con la bruma del atardecer de enero difuminando las formas y las perspectivas como seguramente ocurriera en los días de la guerra a causa de las ventiscas de nieve y el frío intenso. Esta tarde no lo hace, pero no cuesta imaginarlo sintiendo el viento azotar las piedras de las trincheras y las carrascas y matorrales de este páramo asomado a la llanura al fondo de la cual está Teruel, circundada por los montes que se elevan hacia el sur y por los que en los días finales de 1937 llegaron desde Levante las tropas republicanas que tomaron la ciudad a sangre y fuego provocando la respuesta del Ejército de Franco, que arrastraría hasta aquí a miles de soldados involuntarios como mi padre y como la mayoría de los combatientes.

Los llanos de Caudé

El 17 de febrero de 1938, después de una breve tregua, comenzó la ofensiva final de los sublevados sobre Teruel, que partió desde diferentes puntos, uno de ellos estos altos de Celadas, bajo su control total tras el desmoronamiento del frente republicano en el río Alfambra, que les dejaba expedito el camino por el nordeste y que cerraba prácticamente la pinza sobre la destruida ciudad. En medio, desplegada en los llanos de Caudé, la división mandada por Líster poco podía hacer por detener el avance de un ejército muy superior en número y en armamento, además de convencido de la victoria. En ese ejército iban mi padre y Saturnino con su radio italiana de pilas que uno cargaba a la espalda mientras el otro portaba la antena que permitía comunicarse con otros mandos al suyo. Cuál fue el camino exacto que siguieron lo desconozco, pero sí sé que su paso por los llanos de Caudé fue más dificultoso que el mío, que apenas si encuentro a nadie en los pueblos por los que paso. Ochenta y seis años después del apocalipsis bélico que se cernió sobre ellos por estar en primera línea del frente parecen dormitar con la última luz de una tarde de invierno que extrae de las paredes de las casas su color ocre más intenso, un color que los pueblos comparten con la llanura que atraviesan camiones y coches por la autovía.

El avance sobre Teruel no fue tan fácil, parece, como imaginaron los generales franquistas. Acorraladas, las tropas republicanas lucharon con desesperación a pesar de saberse perdidas incluso después de la llegada en su apoyo desde Valencia de una nueva división, la del general Modesto, que poco pudo hacer por revertir la situación, pues la suerte del Teruel republicano estaba ya echada. Con la aviación alemana e italiana machacando sus posiciones y las tropas de los generales Yagüe y Aranda rodeando la ciudad en un movimiento envolvente (el mismo que los republicanos habían hecho para tomarla dos meses atrás), el asalto final era ya cuestión de días. Unos días y unas horas que, al parecer, fueron de gran confusión, con los soldados republicanos rebelándose frente a unos jefes que ya no los controlaban ante la segura derrota y los sublevados ensañándose con aquellos que se rendían o a los que capturaban vivos en escenas más propias de una guerra entre extranjeros que de compatriotas enfrentados por la ideología o ni siquiera eso: por el lugar en el que vivían o en el que se encontraban cuando comenzó la guerra. Los trece mil muertos que se calcula hubo en esos últimos días de la batalla de Teruel demuestran lo encarnizado de los combates, así como la desesperación de la resistencia de unos soldados republicanos que habían pasado de atacantes a atacados en un mes y cuyas posibilidades de huida eran muy pocas. Cuentan, de hecho, que el propio Modesto estuvo a punto de ser capturado cuando huía en un carro de combate con los soldados nacionales ya en las calles de Teruel.

Los llanos de Caudé han debido de cambiar mucho desde entonces. Aparte de la autovía y de las carreteras que comunican los pueblos y que en los años de la guerra serían caminos sin asfaltar, se ven polígonos industriales y pequeñas urbanizaciones que anticipan la cercanía de Teruel. Aunque lo que más llama la atención es un aeropuerto lleno de aviones estacionados que se extiende detrás de una alambrada a lo largo de varios kilómetros. Se trata de un antiguo aeródromo militar que después de la Guerra Civil se utilizó como campo de tiro y que desde hace algunos años se usa, parece ser, para estacionar aviones fuera de circulación. Sin tráfico de viajeros, el aeropuerto de Teruel es algo así como un cementerio de aviones.

Pero para cementerio el que unas banderas republicanas al lado de un polígono industrial señalan sorprendiendo a los viajeros que cruzan esta llanura ventosa sin conocer sus secretos. Las banderas ondean en el atardecer poniéndole una nota discordante a la horizontalidad de las naves próximas y a los carteles de una autovía que ya se acerca a Teruel, por lo que cada vez son más numerosos. Uno de ellos indica la salida a un polígono industrial cuyo nombre, PLATEA, sorprende también como las banderas, cuyo flamear aumenta a medida que me acerco a ellas. Están sobre dos muros de cemento alrededor de los cuales varias lápidas con nombres recuerdan a personas concretas. Frente a ellas, en el suelo, un gran círculo tapado con una plancha metálica y cubierto de ramos de flores precisa la localización exacta del pozo al que al parecer fueron arrojados centenares de personas fusiladas junto a él en los primeros meses de la guerra por grupos de falangistas y guardias civiles por su militancia o su simpatía hacia los partidos de izquierda. Me lo cuenta un camionero que llega en ese momento y al que paro para preguntarle. El hombre no sabe más, excepto que cada año se reúne aquí «un montón de gente» para rendir homenaje a los muertos.

—Quizá alguien le pueda explicar más —me dice el camionero señalando las naves de alrededor.

Pero no se ve a nadie en el polígono a esta hora. Por lo menos fuera de los edificios. Anochece y ya hay luces encendidas, lo que le da al lugar un aspecto fantasmagórico. A lo lejos, por su parte, las luces de la autovía se han encendido también y todo cobra otra dimensión en este cementerio cuyas lápidas sin sepultura pregonan los nombres de algunos de los arrojados al pozo. O a los pozos, pues el camionero me ha dicho que a este sitio lo llaman los pozos de Caudé, en plural, aunque sólo se vea uno. Así que, a falta de alguien que me cuente más, me dedico a leer las inscripciones de las placas comenzando por la del monolito: «A nuestros compañeros fusilados aquí por defender la libertad y la democracia 1936-1939». Y debajo: «No moriremos mientras no nos olvidéis ». La que está al lado del pozo es más detallada: «Aquí yacen 1.005 fusilados por la Dictadura. Vuestras familias y amigos os rinden honores. Os tendremos siempre en el corazón, jamás en el olvido ¡Viva la libertad! ¡Abajo las dictaduras!» (parece ser que la cifra de mil cinco la dio un vecino de Concud, el pueblo al que realmente pertenece este lugar, que anotó los tiros de gracia que se producían todas las noches, según me dirán en Teruel), aunque las que más impresionan son las que algunas familias han puesto a título individual. Por ejemplo, la que recuerda a Félix Lorente Doñate, de Gea de Albarracín, asesinado el 1 de setiembre de 1936 a los treinta años de edad y al que su mujer ha escrito: «Te busqué por todas partes. Qué injusticia que estés aquí obligado a dejarme sola con tu hija de 4 años. No te olvidamos. Tu esposa y tu hija». O esta otra, tan escalofriante como la anterior: «José Linares Martínez. Asesinado el 27 de agosto de 1936 a los 18 años. Tu hermana Delia no te olvida». En Cella, dentro de un par de días, Francisco Sánchez, cuyo abuelo está también en este pozo de ochenta y tres metros de profundidad que perteneció a una antigua venta abandonada y ya en ruinas cuando arrojaban a él los cadáveres y que preside la Asociación Pozos de Caudé, la que reúne cada año en torno a ellos a sus socios para rendir homenaje a los asesinados que me dijo el camionero, me contará que el lugar era muy solitario entonces, no como ahora, que está al lado del polígono industrial, pero hoy, mientras lo contemplo, me parece aún más siniestro precisamente por eso mismo: por la agresión estética que supone el paso de los camiones y de los coches hacia las naves bordeando un enclave de tan trágica memoria. La cotidianeidad te acostumbra a todo, pero yo no me sentiría bien trabajando cada día junto a este pozo lleno de muertos que abandono con la noche ya caída, una noche tan oscura como aquellas en las que fusilaron a los mil cinco desdichados que al parecer yacen en su fondo.

Las que precedieron a la toma de Teruel lo fueron también a tenor de los testimonios de los supervivientes, mi padre uno de ellos, que pasaría por esta carretera sin saber que dejaba a un lado un pozo lleno de muertos fruto no de los combates que alrededor de Teruel se libraban en aquel momento sino del asesinato impune y a sangre fría por parte de personas sin escrúpulos de otras indefensas en los primeros meses de la contienda civil. Algo que también les sucederá, imagino, a muchos de los conductores que viajan hacia Teruel, cuyas luces ya se adivinan muy cerca emergiendo en la oscuridad de la noche tantos años después de aquellas tan trágicas en las que un vecino de Concud apuntaba los tiros de gracia que se escuchaban en la lejanía y de aquellas posteriores en las que la ciudad ardía con el resplandor de las explosiones.

Paseando por Teruel

—¿Usted es el que yo creo?

La mujer se ha parado sorprendida. Me mira con ojos de asombro, como si no creyera lo que está viendo.

Acaba de salir del edificio en el que tiene su sede la Delegación del Gobierno de Aragón en Teruel pero que antes fue cuartel de la Guardia Civil y, junto con la Comandancia Militar y el Seminario, el principal centro de resistencia en la guerra de los subordinados del coronel Rey d'Harcourt, el militar que mandaba la plaza cuando fue atacada por el Ejército Popular. El edificio, remodelado, nada tiene que ver ya con el que muestran las fotos de aquellos momentos, prácticamente en ruinas después de varias semanas de asedio.

La mujer trabaja en él, en el Departamento de Agricultura, según me dice, y ha salido a tomar un café cuando me encuentra. Confirmado que yo soy el que ella cree y tras cruzar un breve diálogo sobre la razón de mi presencia en Teruel, me invita a tomar café, invitación que acepto por no desairarla. Satisfecha, la mujer me guía hasta una cafetería próxima, que resulta ser la misma en la que desayuné hace un rato, pues es la del hotel en el que me alojé esta noche.

—Yo tomo el café aquí muchas mañanas —me dice Amparo, que así se llama mi inesperada anfitriona y que afirma ser la funcionaria más antigua de la Delegación del Gobierno de Aragón en Teruel—. He hecho un máster despidiendo a compañeros —apostilla.

La dueña del hotel, que atiende la cafetería junto con una camarera de aspecto extranjero, me mira con curiosidad cuando Amparo le pregunta si no sabe quién soy yo. Ni lo sabe ni le importa. La mujer está más pendiente de la marcha de la cafetería que de quién pueda ser el huésped que ha dormido esta noche en su hotel.

—La desgracia de Teruel es que cambió tres veces de manos en la guerra. Y entre todos la destruyeron —dice en respuesta al motivo de mi presencia aquí, que Amparo le cuenta antes de que a mí me dé tiempo a evitarlo.

María José, la dueña del hotel, habla deprisa, como se mueve. Se ve que es hiperactiva y que no para en todo el día. El hotel es familiar y todo lo tiene bajo su control:

—Esta casa era de un cura. Se comunicaba por un pasadizo con la iglesia del Salvador, que está aquí cerca. Si quiere, se lo enseño...

—¿Y qué significa el nombre? —le pregunto, por el del hotel, que me interesa más que sus recovecos.

—Muddayyan es 'mudéjar', en árabe —me responde la mujer marchando en busca de los cafés que le hemos pedido. Amparo, además, le ha pedido una tostada, pues ya hace mucho que desayunó.

—Me levanto a las siete —dice con una sonrisa.

Amparo está aburrida en Teruel. Es de Cuenca, pero se casó con un turolense y sus hijas son turolenses también. Así que está resignada a vivir aquí aunque no le guste mucho la ciudad. O mejor: su falta de perspectivas. Ulises nunca volvió a Teruel, sentencia. De aquí se van todos los jóvenes y ninguno vuelve, dice mirando la cafetería. La mayoría de los que están en ella son funcionarios que vienen a tomar café a esta hora.

—Aquí el que tiene un poco de ambición se va —se lamenta Amparo—. Teruel está muerto. No sólo la provincia, la ciudad también. Cada vez queda menos gente joven y la que queda no hace nada por cambiar las cosas... Es más fácil que prenda un mandarino en Javalambre que que entren ideas nuevas en Teruel.

—¿En Javalambre hace mucho frío?

—Mucho.

Pese a su pesimista discurso, Amparo es muy sonriente. A pesar de lo que cuenta, transmite ilusión y hoy tiene un motivo para estar contenta. Aquí siempre nos encontramos los mismos, me dice guiándome hasta la catedral, pues me quiere hacer un regalo para que tenga un recuerdo de su ciudad. El recuerdo, que compra en una tienda muy pequeña, enfrente de la catedral mudéjar, es un llavero con una estrella, el símbolo de Teruel junto con su famoso torico. De hecho, en la columna sobre la que campea éste en el centro de la plaza a la que da nombre, el corazón de Teruel a pesar de su pequeñez, hay una estrella que recuerda a la que, según la tradición, los soldados del rey de Aragón Alfonso II, que habían llegado hasta aquí en lucha contra los invasores árabes vieron brillar sobre los cuernos de un toro en lo alto de un cabezo señalándoles el lugar exacto en el que deberían fundar la nueva ciudad que defendería estas tierras de frontera y cuyo nombre derivaría del toro y del de la estrella en cuestión: Actuel.

—Preciosa historia —le digo a Amparo, que me la cuenta con mucho orgullo junto a la fuente sobre la que campea el torico. La escultura es tan pequeña que apenas si destaca sobre ella.

Amparo vuelve al trabajo y yo sigo su consejo, que es el de visitar el Museo Provincial, más que nada porque desde la última planta, según parece, se tienen las mejores vistas de la ciudad. Algo muy recomendable si quiero tener una perspectiva completa de los edificios más emblemáticos de Teruel y de los que protagonizaron y más sufrieron los efectos del doble asedio que la ciudad soportó en apenas dos meses, uno de los republicanos y el otro de los nacionales: aparte de la Comandancia y del hotel Aragón y el antiguo Casino, que hizo las veces de hospital de sangre, el convento de las Claras y el Seminario, que, como el resto, quedarían destruidos por completo. El museo es interesante (tiene una magnífica colección de cerámica turolense de los siglos XII al XXI además de muchos restos históricos), pero no guarda nada de la batalla que hizo a esta ciudad famosa y que atrae continuamente a curiosos como a mí hoy.

—Está en proyecto hacer un museo de la batalla de Teruel pero no terminan de construirlo —me dice el hombre de información, que asegura que hay mucho material guardado para exponer.

—¿Y por qué no terminan de hacerlo?

—Porque, cuando hay dinero, no hay voluntad política y, cuando hay voluntad política, no hay dinero —me responde el hombre con escepticismo—. Aquí la Guerra Civil sigue siendo un tema muy polémico.

—Pues en muchos países de Europa hay museos de la guerra. Incluso en Alemania, a pesar de que los alemanes fueron los *malos* de la historia —le digo yo.

—Ya, pero es que los españoles no somos alemanes... —me contesta él.

Frente al Museo Provincial está la catedral, uno de los monumentos que han hecho de Teruel la capital del arte mudéjar y que le dan su particular aspecto junto con el otro estilo característico de la ciudad: el modernismo, representado principalmente por algunos edificios de la plaza del Torico y de las calles que dan a ella. Calles por las que caminan los turolenses sin prisa, pues la prisa aquí no existe, como me advirtiera Amparo. La gente se saluda y se para a conversar, pues los treinta y cinco mil vecinos de Teruel se conocen todos. Desde la guerra apenas ha duplicado su población, lo que dice mucho de su anquilosamiento. Tenía razón Amparo cuando decía que Teruel necesita que venga gente de fuera.

De momento aquí estoy yo, aunque no seré el que la saque de su ensimismamiento provincial y remoto. Yo estoy de paso y me iré después de visitar la ciudad en la que mi padre y su amigo Saturnino terminaron la primera parte del viaje al que los obligó la Guerra Civil. Pasadas ocho décadas, Teruel ya en nada recuerda a la ciudad destruida y vacía que ellos vieron cuando entraron en ella después de que su ejército la tomara, como Numancia, convertida en un montón de ruinas.

El convento de las Claras, por ejemplo, ante el que llego siguiendo la calle de Yagüe de Salas, apellido que no alude al militar franquista sino a un escritor turolense del Siglo de Oro que impulsó la difusión de la leyenda de los Amantes de Teruel, quedó arrasado completamente tras el asedio de los republicanos, al haberse atrincherado en él parte de los militares del coronel Rey d'Harcourt. Desde el convento y desde el Seminario vecino, como desde la Comandancia Militar y el hotel Aragón, los asediados defendieron la ciudad durante semanas aprovechando su posición dominante sobre las diferentes vías de acceso a ella a la espera de que sus compañeros que avanzaban hacia Teruel por el Jiloca vinieran en su ayuda. Llegaron a estar muy cerca, pero una gran nevada que se desató sobre la provincia el último día de 1938 y que paralizó el avance de las tropas hizo que no llegaran a tiempo. Y, cuando un mes y medio después pudieron entrar en la ciudad por fin, lo que encontraron fue un montón de edificios en ruinas y sin nadie que los defendiera ya.

En el convento de las Claras, hoy un colegio público de enseñanza sin ninguna relación con su pasado religioso, nada recuerda aquellos momentos de sangre y fuego, al revés: profesores y alumnos celebran el Día de la Paz como en todos los colegios del país. Me lo dicen la tía y la bisabuela de uno de los alumnos, que han venido a ver su actuación. Junto con otros familiares de los niños, muchos de ellos inmigrantes a juzgar por su indumentaria y su aspecto físico, esperan a que comience la actuación musical que, al parecer, los chicos y sus profesores han venido ensayando durante días. Mientras da comienzo y no, aprovecho para preguntarles a las dos mujeres algunas cosas de este lugar. Por ejemplo: si quedan monjas en el otro pabellón del edificio, que parece estar cerrado a cal y canto, y si es el mismo en el que se atrincheró en la guerra parte de la guarnición militar de Teruel junto con algunos civiles y falangistas ante el asedio de los republicanos, resultando todos muertos. Tanto la joven como la mujer mayor me dicen que sí (y que no a mi pregunta de si quedan monjas) sin sorprenderse por mi interés por esas historias. Parece que en Teruel la gente está acostumbrada a que le pregunten por la batalla que popularizó su nombre y que continúa atrayendo a curiosos interesados en ella a la pequeña ciudad del sur de Aragón. Mientras aguardamos a que los alumnos del colegio se alineen en el patio, la joven me cuenta que al colegio le acaban de cambiar el nombre en cumplimiento de la Ley de Memoria Histórica (antes llevaba el de Juan Espinal, un maestro que intervino activamente en la depuración de sus compañeros al finalizar la guerra, me dice, y ahora le han puesto el de Pierres Vedel, el arquitecto e ingeniero renacentista autor del acueducto que surtió de agua a Teruel desde el siglo XVI, entre otras obras), mientras que la mujer mayor, que es natural de Villel, un pueblo que permaneció en zona republicana desde el principio pero que resultaría muy castigado por su cercanía al frente, me cuenta que a los soldados que volvían de éste con síntomas de congelación les metían las piernas en el estiércol para ver si con el calor recobraban la circulación sanguínea y que, si no era así, se las amputaban. Los que traían ya muertos tenían una sonrisa en la cara, me dice.

—¿Una sonrisa? —le pregunto sin entender muy bien.

—Sí, los muertos por congelación se quedan con una sonrisa —me repite la mujer mientras en el patio comienza la actuación de su biznieto.

La actuación se inicia con la lectura de unas proclamas por los alumnos relativas al Día de la Paz que se celebra. Una dice: «Busca en los demás lo que te une más que lo que te separa. Eso te hará mejor y te permitirá vivir mejor a ti y a los que tienes alrededor». Otra completa el mensaje anterior: «Busca la paz en ti y la encontrarás alrededor». Por último, los más pequeños cantan acompañados por las guitarras y los laúdes de los mayores: «¡Abajo la guerra, arriba la paz! ¡Los niños queremos reír y cantar!». Qué paradoja, pienso mientras los escucho, yo aquí buscando los ecos de una guerra que destruyó esta ciudad hace muchos años y ellos cantando a una paz que continúa siendo una gran utopía para mucha gente en el mundo. Qué mejor antídoto contra la guerra que la inocencia de estos alumnos que cantan a la paz esta mañana en el lugar exacto en el que una guerra lo llenó todo de muerte y de destrucción mucho antes de que ellos nacieran, pienso acercándome al Seminario, que está a continuación del antiguo monasterio de las Claras y que, como éste, tuvo que ser reconstruido por completo al finalizar la guerra, tal fue el estado en el que quedó después de los dos asedios que sufrió en muy poco tiempo, el de los republicanos primero y el de los nacionales luego.

El Seminario impresiona por su envergadura. Abierto a una gran plaza al otro extremo de la cual se yergue majestuosa la maravillosa torre mudéjar de San Martín (desde cuyo campanario, dicen los historiadores, disparaban los asaltantes republicanos a los refugiados en el Seminario), el edificio parece un gran pabellón de reposo más que un vivero de nuevos curas, que es para lo que se creó. Y en cierto modo lo es, pues, a falta de vocaciones religiosas y concentrados a causa de ello en el Seminario de Zaragoza los pocos aspirantes a sacerdotes de las distintas diócesis aragonesas, el de Teruel es hoy una residencia de ancianos en la que conviven los curas jubilados, sus primeros destinatarios, con otros residentes de toda condición. Me lo cuenta el recepcionista, un hombre amable y colaborador que, sin embargo, no puede dejarme acceder más allá del vestíbulo de entrada.

—Lo siento, pero sin el permiso del director no le puedo dejar pasar —se disculpa.

—No se preocupe —le tranquilizo—. Sólo quería ver cómo era el Seminario por dentro.

—De todos modos —me dice él—, el edificio está reconstruido entero. Lo único que hay de antes de la guerra —dice indicándome a través de los ventanales del vestíbulo el patio que se ve detrás de ellos— es una escultura del Sagrado Corazón que está en el patio y en la que se aprecian aún impactos de bala.

—¿Al patio puedo entrar? —le pregunto.

—Al patio sí —me responde el hombre.

El patio es rectangular, como el edificio, e imagino, mientras lo contemplo, los días en los que se convirtió en una ratonera para los refugiados aquí, entre los que se encontraban el coronel Rey d'Harcourt y el obispo de Teruel, Anselmo Polanco, quienes tras su rendición serían llevados a Valencia y, más tarde, a Barcelona, donde permanecieron presos el resto de la guerra, al final de la cual serían asesinados por sus guardianes muy cerca de la frontera con Francia durante la retirada de sus captores hacia el vecino país. Los restos del obispo, beatificado con posterioridad, reposan en la catedral de Teruel, en una capilla, pero no así los del coronel Rey d'Harcourt, al que los generales franquistas acusaron de traidor por no haber resistido como debía hasta el último de sus hombres en vez de rendirse. Imaginar aquellos momentos, con este patio lleno de escombros entre los que sobrevivirían los últimos resistentes, muchos de ellos enfermos y heridos, no es fácil esta mañana dadas su paz y tranquilidad. Salvo el Sagrado Corazón, sólo yo permanezco aquí mientras en las habitaciones del Seminario, hoy residencia de ancianos, la vida sigue su curso. O la muerte: cuando regreso al vestíbulo, un grupo de sanitarios de una ambulancia se está llevando a una residente que al parecer acaba de sufrir un síncope.

—Es Narcisa —le dice el recepcionista a un cura con alzacuellos que llega justo en este momento acompañado de otros dos hombres y que, al parecer, es el director de la residencia—. Don Blas Sanz es también el párroco del Salvador —me informa el recepcionista cuando me despido de él.

Fuera del Seminario, en la plaza, la soledad es casi absoluta. Es la hora de comer y la gente de Teruel está en sus casas o en los bares de la plaza del Torico o del paseo del Óvalo tomando el aperitivo. En la plaza del Seminario, salvo los sanitarios de la ambulancia y un par de obreros que arreglan el pavimento, la soledad, en cambio, es total e igual sucede en sus alrededores. Cuesta imaginar la agitación y el ruido que atronarían este lugar en los días de la guerra y la devastación de unos edificios que, como el Seminario o la torre de San Martín, a través de cuyo arco inferior me asomo a la vega del Turia, tan tranquila y quieta a esta hora como la ciudad entera, hoy aparecen intactos, sin rastro de la ruina en la que los encontraron mi padre y sus compañeros cuando entraron en Teruel al día siguiente de la toma definitiva de una ciudad arrasada por los bombardeos.

Mi padre nunca volvió

De su paseo por Teruel (un paseo peligroso por cuanto en la ciudad aún seguían los tiroteos, pues había soldados republicanos que no habían podido huir y que disparaban desde sus escondites) lo que Saturnino recordaba muchas décadas después era el gran rastro de destrucción y los muertos abandonados por las aceras, pero también, con un punto de ternura, la visión en algunas casas de las camas hechas, muchas de ellas con sábanas de hilo, un verdadero sueño para unos soldados que llevaban semanas durmiendo en el suelo. Nada que ver con el paseo que yo doy después de comer por una ciudad desierta por la hora. Los edificios oficiales ya han cerrado hasta mañana y los comercios aún tardarán en abrir. Así que poca gente me cruzo por unas calles en las que parece haberse parado el tiempo aún más que cuando llegué ayer noche o que por la mañana, cuando me desperté. En la plaza del Torico, la fuente sigue manando como hizo siempre, pero a su alrededor las terrazas están vacías pese a que la temperatura es buena para este tiempo. Definitivamente, Teruel, como la Vetusta de Clarín, duerme la siesta en este momento y yo soy un intruso callejeando por sus aceras en busca de no sé bien qué.

Y seguiré sin saberlo mientras permanezca en ella. Vine aquí buscando una fantasía, la que albergó la memoria de mi padre toda su vida, pero ahora que estoy en Teruel siento que esa fantasía nunca existió excepto en mi conciencia culpabilizada por no haberle escuchado cuando debí hacerlo. Sólo así puedo entender mi desasosiego, que me acompaña desde que comencé este viaje pero que hoy, en Teruel, siento con más intensidad quizá porque sigo sin saber cuál es su verdadero objetivo. ¿Conocer los lugares en los que mi padre se jugó la vida como tantos jóvenes de su edad? ¿Sentir lo que él pudo sentir pisando los escenarios que pisó con sus botas militares mucho antes de que yo naciera? ¿Experimentar el frío y el miedo que él experimentó, algo que ni siquiera he podido hacer, puesto que las temperaturas son muy diferentes a las que le tocó soportar a él cuando estuvo aquí, aquel terrible invierno de 1938? Nada de todo eso justificaría un viaje y, sin embargo, es lo que me ha traído hasta aquí tantos años después de que mi padre pisara esta dura tierra. Y lo que me empuja esta tarde a recorrer una ciudad que dormita no sólo hoy sino desde que terminó la sangrienta batalla que la convirtió por un breve tiempo en el centro de un país que la había ignorado hasta entonces. Y que continúa ignorándola. Caminar por Teruel una tarde invernal como la de hoy es volver a una España que ya ha desaparecido y a una vida sin futuro como la que describía Amparo, la funcionaria del Gobierno de Aragón. ¿Qué estará haciendo ahora, por cierto?, pienso asomado a la ronda de Ambeles, el antiguo paseo de vigilancia que bordea Teruel por el nordeste y desde el que se dominan, abajo, los barrios nuevos en los que viven los turolenses de hoy y, detrás, cubiertos por pinos y nubes blancas, los montes del Maestrazgo y de Javalambre, las dos sierras que separan Teruel de Castellón y Valencia. Seguramente Amparo dormirá la siesta ahora como todos sus vecinos soñando que Ulises vuelve a Teruel después de siglos de navegación.

Mi padre nunca volvió. Ni mi padre ni su amigo Saturnino, al que pude preguntarle años después de desaparecido su gran amigo y compañero. Teruel le traía tan malos recuerdos, me dijo, que mejor no volver a ver la ciudad nunca. A mi padre le ofrecí acompañarle a visitarla cuando ya se acercaba al final de sus días, anticipados por una depresión muy cruel, y ni siquiera me respondió. Se limitó a mirarme con desconcierto, como si le propusiera un viaje a la eternidad. En cierto modo debía de serlo para él tantos años después del que le trajo aquí, a esta ciudad remota en la que yo ahora recuerdo la escena mientras recorro sus calles, que parecen flotar en la irrealidad, esa que ha convertido en un lema político tratando de rentabilizar su olvido. De hecho, en algunas paredes, se ven restos de carteles que proclaman a los cuatro vientos la existencia de Teruel, muchos de ellos desvaídos y ya rotos.

—Pero ¿Teruel existe de verdad? —le digo a la camarera del café Turia, en el que entro buscando un poco de compañía. La chica es dominicana, así que posiblemente no sea la mejor para preguntarle eso.

—Hombre, yo creo que sí... —me responde la chica, sorprendida.

En la terraza, las pocas mesas que tienen gente son las que están al sol. La mayoría de los clientes son inmigrantes también, como la camarera dominicana y yo mismo ¿O que otra cosa soy sino un inmigrante más en esta ciudad perdida no tanto por su lejanía geográfica como por su inexistencia en el imaginario de los españoles? Una ciudad a la que sólo se cita al hablar de una guerra remota que cada vez se difumina más en la historia igual que se difuminaron antes los amantes que sacaron a Teruel de su ostracismo en tiempos ya muy lejanos, tanto que son ya más leyenda que historia. Nada que ver con estas parejas que toman el sol a esta hora en la terraza del café Turia ajenas a las miradas de los demás, entre ellas la mía, que las observo con disimulo mientras apuro mi café antes de proseguir mi vagabundeo por una ciudad que sigue sin despertar y eso que ya son las cinco. La librería Senda, por ejemplo, sigue cerrada a esta hora desmintiendo el horario que figura en un cartel aunque no a las dos leyendas principales de Teruel: en el escaparate, un grupo de libros sobre la batalla que inmortalizó su nombre protagonizan la oferta junto con una edición facsímil de las coplas de los Amantes de Teruel, esos que duermen el sueño eterno en la cercana iglesia de San Pedro, junto con la del Salvador y la catedral de Santa María y la esbelta torre de San Martín, la culpable de que Teruel sea hoy Patrimonio de la Humanidad por sus campanarios mudéjares.

Aunque toda Teruel debería serlo. Su insólito emplazamiento en lo alto de una muela inexpugnable unido a su falta de crecimiento han hecho que la ciudad conserve todo el sabor de su historia, esa historia en la que se mezclan los ecos de un pasado militar ya muy remoto con los de los bombardeos y la destrucción que sufrió en la guerra civil española a causa de su fácil conquista, que derivaría en una trampa mortal para el Ejército de la República. Lo que empezó siendo una operación militar de distracción dirigida a desviar la atención de Franco sobre Madrid, que se disponía a atacarla una vez sofocado el fuego del frente del norte, así como a lograr un golpe de efecto que levantara la moral de un Ejército Popular que cosechaba derrota tras derrota terminó por ser la batalla más sangrienta de una guerra que lo fue de principio a fin y en toda la geografía española, una batalla que se cobró más de cuarenta mil vidas, la mayoría de jóvenes como mi padre. Por suerte, éste sobrevivió a ella, así como a las que le tocó librar después, pero el nombre de Teruel le acompañaría siempre igual que a su compañero y amigo Saturnino. ¿Qué pensarían mirándola como yo ahora aquel 23 de febrero de 1938 después de varias semanas observándola de lejos sumida en el humo de los bombardeos? ¿La imaginarían como es o creerían que era mayor, dadas las fuerzas que se movilizaron para su conquista? Viéndola hoy sorprende por su pequeñez, cuánto más en 1938, que ni siquiera había desbordado su antiguo perímetro medieval desde el que se divisan, en las cuatro direcciones de la rosa de los vientos, los pueblos y campos próximos y las montañas que los rodean, así como el ancho páramo que se extiende hacia el oeste y por el que el Ejército de Franco y mi padre y su amigo Saturnino con él llegaron a Teruel después de semanas de una encarnizada lucha en la que murieron miles de sus compañeros y de sus enemigos. El día en que mi padre entró en Teruel y, como yo hoy, la recorrió y quizá vio atardecer también, aún estaba lejos de descubrir, además de que la guerra no había acabado todavía para él, que su hermano Ramiro, al que tanto quiso toda su vida pese a que se vieron poco, emigrado el hermano a Argentina después de pasar por las cárceles de Franco al finalizar la guerra, era uno de esos enemigos a los que combatió sin saber quiénes eran de verdad.

El día en que mi padre miraba el atardecer como yo hago ahora desde la escalinata que baja al Turia ni la ciudad ni él sabían la dimensión verdadera de las heridas que en los dos la guerra dejó impresas para siempre.

Jefes y oficiales del Ejército nacional en un puesto de transmisiones. Frente de Aragón, sector Teruel (1937)

Mi padre andaba por estas tierras portando con Saturnino la radio de transmisiones al lado de algún mando militar franquista.

Soldados nacionales en las trincheras durante
la batalla de Teruel (invierno 1937-1938)

Cualquiera de esos soldados muertos de frío y de miedo podrían ser mi padre y Saturnino.

Trincheras en el frente de Teruel

Es muy diferente soportar el frío con buena ropa y al arrimo de la estufa o del brasero que hacerlo en campo abierto y en medio de bombardeos y de disparos de ametralladora o de la aviación enemiga en trincheras heladas y cubiertas por la nieve.

Tropas preparadas para entrar en combate en el frente de Teruel.

Un feroz invierno que hacía muy difíciles los movimientos de tropas y de maquinaria bélica.

Puesto de mando del general Varela el día en que las tropas nacionales iniciaron la contraofensiva para la toma de Teruel (diciembre de 1937)

El ataque sobre Singra duró cuatro días con sus noches y dejó numerosas bajas en los dos bandos, puesto que se llegó a luchar cuerpo a cuerpo en los alrededores de la carretera de Zaragoza, que los republicanos cortaron por unas horas (no así la vía del tren, hasta la que no pudieron llegar) amenazando con dejar aisladas a las tropas del general Varela, que ya estaban a las puertas de Teruel.

Vista de Celadas (Teruel) durante la Guerra Civil

Celadas, un lugar, como los anteriores de la vega del Jiloca, ni muy grande ni pequeño, ni mejor ni peor que los demás, pero que por su situación fue objeto de enfrentamientos y bombardeos durante toda la Guerra Civil, pues desde él se dominaban Teruel y los valles del Alfambra y el Jiloca. En el centro de la punta de la cuña divisoria, Celadas sufrió por ello como ninguno la guerra desde el primer día.

Caudé (Teruel) durante la Guerra Civil

Cuál fue el camino exacto que siguieron lo desconozco, pero sí sé que su paso por los llanos de Caudé fue más dificultoso que el mío. Ochenta y seis años después del apocalipsis bélico que se cernió sobre ellos por estar en primera línea del frente parecen dormitar con la última luz de una tarde de invierno.

Soldados entrando en febrero de 1938 en la ciudad de Teruel después de ser reconquistada por las tropas nacionales

Mi padre nunca volvió. Ni mi padre ni su amigo Saturnino, al que pude preguntarle años después de desaparecido su gran amigo y compañero. Teruel le traía tan malos recuerdos, me dijo, que mejor no volver a ver la ciudad nunca.

Combatientes en la plaza del Torico de Teruel

Cuesta imaginar la agitación y el ruido que atronarían este lugar en los días de la guerra y la devastación de unos edificios que hoy aparecen intactos, sin rastro de la ruina en la que los encontraron mi padre y sus compañeros cuando entraron en Teruel al día siguiente de la toma definitiva de una ciudad arrasada por los bombardeos.

Señal que indica la dirección al frente en la zona de Aragón
(Fotografía de Albert-Louis Deschamps)

Imagino qué irían pensando y cómo se sentirían sabiendo —como sus compañeros de vagón— que el frente de guerra ya estaba próximo y que por primera vez en su vida iban a participar en una batalla de esas de las que hasta aquel momento sólo sabían por las noticias.

Señal de aviso en el límite de la zona de combate en el frente de Aragón

Sé que atravesaré una línea invisible que parte en dos este territorio que mi padre cruzó en circunstancias muy diferentes, sin poder disfrutar de él como yo.

Trincheras en el frente de Aragón

Las trincheras son prueba de la dureza de los combates que por aquí libraron soldados como mi padre a los que nada se les había perdido tan lejos.

Quinto tras la reconquista nacional por el ejército del general Yagüe (marzo de 1938)

Ya nunca podré saber cómo fueron recibidos por los vecinos de Quinto los nacionales después de meses en manos de la República y de lo vivido en los primeros días del levantamiento, cuando los falangistas de Zaragoza iban de pueblo en pueblo preguntando a los alcaldes y vecinos quién sobraba.

Las tropas del general Yagüe cruzan el río Ebro en Quinto en 1938

En Quinto debió de establecerse un contingente militar romano que se encargaría de vigilar la zona y que sería el origen del pueblo.

Fuerzas de regulares avanzan en formación de guerrillas por un campo sembrado de viñas en Castellón (junio de 1938)

A mi padre le tocó el sur, puesto que su camino le llevó hasta Castellón, provincia que el Ejército de Franco invadiría también en su siguiente ofensiva (la ofensiva de Levante fue su nombre) después del éxito de la de Aragón y con la que alcanzaría el Mediterráneo partiendo en dos el territorio costero en manos de la República y aislando Cataluña de Valencia, donde tenía su sede el Gobierno después de haber huido de Madrid.

Escombros y daños causados en una calle de Castellón (junio de 1938)

Lo que diferencia principalmente al Castellón actual del de entonces es la ausencia de disparos y explosiones y de cadáveres abandonados por las aceras que las fotografías de aquellos días del mes de junio de 1938 nos muestran en los libros y la memoria de los vecinos más viejos recuerda aún. Ochenta y seis años son muchos años, como recuerda en una rotonda camino del centro urbano la escultura de un reloj de pulsera gigantesco con la leyenda latina grabada en un lateral: «Tempus fugit».

II. De Aragón al mar (junio de 2024)

Con la boca desmesuradamente abierta, mordiendo el palito que colgaba de sus cuellos para evitar las ondas expansivas de las explosiones, con los ojos desorbitados, las manos sobre la cabeza y ésta hundida en la paja, les quedaban los oídos libres para oír el terrorífico silbido de las bombas al caer. Sssíííí... ssssíííí..., y a medida que se acercaban a tierra, la nota aguda del roce de la bomba en el aire se tornaba más grave, más grave, recorriendo en sentido descendente toda la escala escalofriante hasta llegar al estallido final, tremendo, alucinante. No se puede explicar, hay que haber vivido estos momentos para poder comprender la emoción y el terror experimentado. «Estas tres bombas parece que han caído lejos. Pero ¿y estas que les siguen? ¡Ay, Dios mío! Otros estallidos que hacen temblar la tierra, que le levantan a uno, que de un momento a otro parece que le van a reventar los oídos, ¡Dios mío misericordioso, ten piedad de mí». [...] Caían tantas bombas, tantas, tan potentes, tan cercanas, que uno se decía: «Ésta es la mía. La que pondrá el fin. Pues no, no ha sido. Será esta otra». Y así en continuo suplicio, templando o destrozando nervios: «Padre nuestro, que estás en los cielos»...

MARTÍ CAMPRUBÍ
Antihéroes de segunda línea

Zaragoza, el descanso de los guerreros

Tras la toma de Teruel, mi padre y Saturnino, junto con otros muchos soldados, fueron llevados a Zaragoza, donde permanecieron descansando un mes, según Saturnino, que evocaba muchas décadas después con emoción sus paseos por la capital del Ebro, llena de militares en aquellos días pero en la que se respiraba un clima de tranquilidad, pues, estabilizados desde hacía meses los frentes próximos, ya no suponían una amenaza inminente para la ciudad. «Hasta nos echamos unas novias», recordaba con nostalgia y picardía el amigo de mi padre, quien moriría soltero y por eso debía de apreciar más la compañía femenina, aquella que en Zaragoza le hizo olvidar por algunos días la guerra que, sin embargo, seguía desangrando no lejos de allí las vidas de otros soldados como él.

Por dónde pasearían mi padre y Saturnino con aquellas chicas zaragozanas que los ayudaron a olvidar las pesadumbres de la guerra no es difícil suponerlo, pues la ciudad entonces no había crecido lo que crecería después y sus calles principales eran pocas, esto es, las que suben de la plaza del Pilar a la de España y a su prolongación del paseo de la Independencia y el Coso, hoy como entonces las más transitadas de la ciudad. Una ciudad que me ha recibido esta mañana como siempre, con la animación y el bullicio que le son propios y que la hacen parecer más provinciana de lo que es. Zaragoza hoy es ya una gran ciudad, pero su espíritu popular se mantiene y más un día de primavera como este en el que la temperatura y el sol invitan a echarse a la calle tanto a los zaragozanos como a los turistas. ¡Cómo no imaginar a aquellos pobres soldados que volvían de la guerra disfrutando de esta animación y de los muchos placeres que Zaragoza ofrecía ya entonces, especialmente a unos militares necesitados de divertirse después de meses de privaciones de todo tipo!

Todo esto lo pienso asomado al puente de Piedra sobre el río Ebro, el principal de los muchos puentes que en la actualidad lo cruzan pero que en los años treinta del siglo XX era uno de los pocos que permitían el paso entre sus dos orillas y al que mi padre y Saturnino se asomarían más de una vez, supongo, como yo ahora, durante el tiempo que permanecieron en Zaragoza para contemplar un río que servía de frontera aguas abajo entre las dos Españas enfrentadas en la guerra y cuyo nombre se haría famoso al cabo de pocos meses al librarse en torno a él su última gran batalla. Los imagino también entrando luego en el Pilar como yo hago después de mirar el Ebro y de intentar descifrar al norte las altas cumbres de los Pirineos para ver la gran basílica de Zaragoza con su diminuta Virgen sobre su pilar de piedra, siempre con colas de devotos ante su mirada estática, y en las paredes del templo, como si fueran imágenes religiosas, las dos bombas que arrojaron sobre él en los primeros días de la guerra aviones republicanos llegados de Cataluña y que milagrosamente no explotaron, según los sublevados y los zaragozanos más devotos de la Virgen, por su intercesión, claro es.

De la plaza del Pilar, en compañía de sus pretendidas novias o solos, depende de cuándo lo hicieran, mi padre y Saturnino embocarían una de las calles que atraviesan la vieja Zaragoza contemplando a su paso los comercios y las tiendas, algunos de los cuales se mantienen hoy aún, como la sastrería de Justo Gimeno o la tienda de ultramarinos Montal, y dejándose llevar por el bullicio en dirección a la plaza de España y el Coso, donde comenzaba la ciudad nueva. Cómo era aquella Zaragoza que sobrevivía a la guerra convertida en refugio de militares franquistas y de aragoneses llegados de poblaciones cercanas al frente ante el temor a un ataque republicano no es fácil imaginarlo hoy a la vista de esta ciudad moderna y pujante por la que la gente pasea sin preocuparse de ninguna otra amenaza que no sea protegerse del sol bajo las sombrillas o mirar al cruzar la calle no vaya a atropellarla un coche. Muy pocos zaragozanos saben, de hecho, ya, a estas alturas de la historia, que sobre uno de sus edificios, en la tranquila plaza de Salamero, la antigua del Carbón, se conserva una de las sirenas que hubo en la ciudad durante la guerra para avisar a los vecinos de posibles ataques aéreos. Ni siquiera la encargada del quiosco de la plaza, una zaragozana jovial que vende flores y helados en el buen tiempo, sabía de su existencia pese a tenerla encima de su cabeza todos los días.

—Pues la primera noticia —me confiesa cuando se lo pregunto, asomándose a mirar la sirena que se recorta con sus siete gigantescos tubos sobre la azotea de un edificio próximo.

Yo lo sé porque lo leí en la prensa, pero es todo lo que sé de la sirena, así que nada más le puedo contar de ella. Menos mal que el barrendero de la plaza, que es del barrio, está más informado y nos cuenta a la joven florista y a mí que hasta los años sesenta la sirena, la única que queda en Zaragoza de la guerra, se utilizó para pregonar anuncios y dar las horas, sobre todo la del ángelus al mediodía.

—Mire lo que he aprendido gracias a usted... —exclama la florista contemplando admirada la sirena, cuyos tubos ya inactivos se recortan contra el cielo como una extraña veleta o una gigantesca antena en desuso.

—Gracias a mí no, gracias al barrendero —la corrijo yo sentándome en la terraza de su negocio, ocupada sólo en este momento por tres parejas mayores cuya conversación oscila entre las críticas al Gobierno, que se ve que no es de su gusto, y sus destinos vacacionales en el verano que ya se aproxima:

—A mí me gustaría ir a Canadá —dice una de las mujeres—. Pero, con mis padres como están, tendremos que quedarnos aquí...

—Pues nosotros nos vamos a Vietnam —dice otra sin compasión ninguna con su amiga.

Por el paseo de la Independencia la animación continúa acentuada por la hora, que saca ya a la gente mayor a pasear y a los jóvenes a invadir los parques y los jardines, incluido el del bulevar central del paseo. El paso de los tranvías, que la recorren de arriba abajo, hace que la Gran Vía zaragozana se convierta en un escenario casi cinematográfico, un cristal que transparenta la vida de la ciudad y la de los zaragozanos mismos. Mirándolos, pienso en mi padre y en Saturnino, pobres soldados sin nada que hacer aquí excepto pasear en sus ratos libres fuera del cuartel añorando seguramente sus pueblos, que la guerra había dejado muy lejos. Y soñando también con que ésta se terminara pronto y pudieran volver sanos y salvos a continuar con sus vidas y sus estudios, interrumpidos por su movilización. Eso al menos pienso yo en esta tarde de primavera en la que mi descuidado paseo me lleva hasta una librería en la que hace muchos años presenté por vez primera una novela en Zaragoza. Ahí está, sobre un panel, en el escaparate de la entrada, la foto que me lo recuerda junto a otras muchas de escritores, algunos amigos míos.

El dueño de la librería no está esta tarde, pero uno de sus empleados me guía hasta la estantería de los libros de historia, en la que busco sin éxito alguno que hable de la Guerra Civil en Zaragoza. Los hay genéricos sobre Aragón o sobre las batallas de Belchite y de Teruel, pero sobre la guerra en Zaragoza no encuentro ningún libro, posiblemente porque no llegó a haberla de verdad. Desde el principio, en Zaragoza triunfó el golpe de Estado y durante todo el tiempo la ciudad permaneció en manos de los golpistas pese a estar muy cerca del frente. Los dos intentos que hubo de conquistarla, uno en los primeros meses de la contienda y otro en agosto de 1937, se estrellaron contra sus defensores a varios kilómetros de la ciudad, por lo que los zaragozanos no sufrieron sus consecuencias directamente.

—Ya le dije que creía que no había nada —me consuela el empleado de la librería cuando me despido.

De vuelta al centro de Zaragoza, pienso en qué harían mi padre y sus compañeros en aquellos días de 1938 antes de regresar al cuartel después del paseo. ¿Entrarían a ver a las vedettes del Plata y de otros cafés cantantes, de los que Zaragoza entonces estaba llena según se cuenta? ¿Se sentarían en alguna sala de cine a soñar despiertos, solos o en compañía de aquellas novias que, al decir de Saturnino, se echaron mi padre y él? Callejeando de nuevo por la Zaragoza antigua entre bares y tiendas de toda condición, me topo con el renovado Plata, que conocí antes de que lo remodelaran después de un tiempo cerrado, pero aún es pronto para que haya abierto sus puertas. Y lo mismo pasa con el Oasis, el mítico cabaret de Zaragoza cuya última noche yo conté para un periódico y cuya decadencia y desolación se percibe en los cartelones que lo publicitan, con bailarinas danzando a coro, desfigurados ya por las inclemencias del tiempo. Seguramente lleve cerrado desde aquella noche de los noventa del siglo XX, víspera de la Navidad, en la que asistí a su final como cabaret después de un siglo de candilejas y de ilusión. En mitad de un barrio que siempre fue de dudosa fama y en una calle que hoy habitan mayoritariamente inmigrantes, por lo que veo (uno de ellos, marroquí, me dice al verme mirar el local cerrado: «Mujeres», como si imaginara que es lo que vengo buscando aquí), el Oasis parece un barco hundido en su soledad después de un siglo largo de historia que forma parte ya de la de Zaragoza. Me gustaría saber si mi padre llegó a entrar en él alguna vez igual que tantos soldados hicieron a lo largo de su existencia y si disfrutó tanto como yo cuando frecuenté sus noches en compañía de amigos de la ciudad cuando venía por Zaragoza y el Oasis aún abría sus puertas a los últimos trasnochadores y bohemios.

Pero para la noche de hoy falta tiempo todavía, aunque las luces de Zaragoza han empezado a dulcificarse, señal de que el atardecer se aproxima. Es la hora del paseo vespertino para muchos, el momento de bajar hasta la plaza del Pilar y de asomarse al río Ebro una tarde más para ver la puesta del sol desde cualquiera de sus puentes, cara al Moncayo o hacia el este, hacia el invisible mar que empieza siendo fluvial por Caspe y por Mequinenza y se hace salado a la altura de Amposta, ya en tierras de Cataluña. ¡Cuántas veces no la miraría mi padre en aquellos días de 1938 en los que junto a Saturnino paseaba por Zaragoza tratando de olvidar la batalla de Teruel sin sospechar que muy pronto la guerra volvería a llamarlos y los llevaría precisamente en esa dirección! ¡Y cuántas no volverían al cuartel después de ver el atardecer soñando que no tenían que hacerlo más y, como yo esta noche, podían quedarse hasta que les entrara el sueño disfrutando de una ciudad llena de luces y de alegría, nada que ver con la oscuridad de las noches heladoras de Teruel!

Pero eso aún tardaría en llegar para ellos. Aún tardaría en llegar el día en el que, sin uniformes ni correajes sobre sus cuerpos porque la guerra se había acabado por fin, pudieran disfrutar de la libertad y la paz sin límite de tiempo como yo haré esta noche en la ciudad en la que tan felices fueron durante unas semanas pero de la que pronto se iban a despedir.

«Cuando más contentos estábamos, recordaba Saturnino muchas décadas después, de repente nos dijeron que se había acabado lo bueno...».

El alguacil de Fuentes de Ebro

Lo bueno era aquel mes en Zaragoza y lo malo era la guerra, a la que los enviaban de nuevo. Había comenzado la ofensiva de Aragón, la campaña dirigida a conquistar todo el territorio de la región en poder de la República aprovechando los daños sufridos por su ejército en Teruel y la desmoralización y el agotamiento de sus soldados después de dos meses de lucha y de su incontestable y dura derrota. Franco estaba decidido a dar el golpe definitivo a sus enemigos y lo iba a dar donde lo había dejado interrumpido, esto es, en la mitad oriental de Aragón, que aún controlaba el Gobierno de la República, al norte y al sur del Ebro.

A mi padre le tocó el sur, puesto que su camino le llevó hasta Castellón, provincia que el Ejército de Franco invadiría también en su siguiente ofensiva (la ofensiva de Levante fue su nombre) después del éxito de la de Aragón y con la que alcanzaría el Mediterráneo partiendo en dos el territorio costero en manos de la República y aislando Cataluña de Valencia, donde tenía su sede el Gobierno después de haber huido de Madrid. Por dónde fue exactamente es muy difícil de precisar, pues Saturnino, que le acompañó de nuevo en su peripecia, no lo recordaba bien, tan sólo el nombre de algunos pueblos (Caspe, Alcañiz, Morella...), lo cual es comprensible dadas las circunstancias y considerando que desconocía el territorio. Así que tendré que imaginar su periplo uniendo sobre el mapa esos lugares y confiar en mi instinto, que es lo único que tengo en este viaje a falta de otra información. Hasta Teruel, en el anterior, las vías de los trenes, aunque abandonadas ya algunas de ellas, me guiaron, pero de Zaragoza hasta Castellón la única guía que tengo es la historia y ésta no es tan precisa.

Los primeros kilómetros, no obstante, parecen evidentes. La carretera hacia Castellón que parte de Zaragoza tuvo que ser necesariamente la que mi padre y Saturnino siguieron, pues, a la derecha de ella y no demasiado lejos, la zona estaba ya bajo control de la República y, a la izquierda, el río Ebro marcaba el límite con las tropas que avanzaban por la otra orilla con la intención de alcanzar la ciudad de Lérida. Hasta los primeros pueblos, por aquel entonces, todo este territorio debía de estar desierto, salpicado apenas por algunas casas de labor, pero hoy las construcciones continúan durante varios kilómetros prolongando la ciudad lejos de ella. Son edificios residenciales, pero también fábricas y almacenes que se alternan entre ellos en medio del caos y el polvo que diferentes obras en la carretera provocan esta mañana de intenso tráfico, además. Se ve que es una vía de mucha circulación y que a su trazado antiguo le cuesta ya absorberla. Una pena, porque a un lado y otro del camino, el paisaje aragonés, tan radical, se muestra en sus dos variantes más conocidas de un modo extremo: a la derecha, la estepa, casi un desierto geológico, en dirección a Belchite y a Fuendetodos, el pueblo natal de Goya, y a la izquierda la faja verde y partida en dos por el propio río de la ribera del Ebro, que aquí se ensancha más aún que al norte de Zaragoza. Y es que el gran río peninsular empieza a dudar, amansada su corriente por la árida planicie, lo que le hace formar meandros, algunos de ellos, como el de La Cartuja Baja, hoy una urbanización de chalés pero antaño un monasterio como su nombre delata, convertidos en lo que los zaragozanos llaman galachos, esto es, meandros que el río abandonó al cambiar su curso y hoy son tierras de gran fertilidad. Entre su vegetación frondosa y el ocre áspero de la estepa, la carretera corre haciéndoles de frontera, dejados ya atrás por fin los últimos edificios y fábricas de Zaragoza.

Por El Burgo de Ebro paso sin detenerme. Es pueblo grande, como la mayoría de los de la ribera, pero, por lo que he leído, hasta aquí no llegó la guerra, que sí lo hizo a pocos kilómetros, en el vecino pueblo de Fuentes. En éste, según la historia, fue donde detuvieron las tropas franquistas, apenas unos meses antes del de Teruel, el ataque republicano de 1937, cuyo objetivo era Zaragoza y que también fracasó para su infortunio. Fue el último de los intentos de la República (el primero se produjo al poco de comenzar la Guerra Civil) por tomar una ciudad que era estratégica por estar en el centro de las comunicaciones entre la Meseta y el este de la península.

—Yo de esas cosas no sé. Estoy casada aquí pero soy de fuera —se desentiende de mi pregunta y de mí una vecina mayor frente a cuya casa he aparcado el coche, en una calle que sube hacia el interior del pueblo.

Fuentes (de Ebro, como la mayoría de los de la zona) es pueblo grande y con cierta vida por lo que se ve, fruto seguramente de su cercanía a Zaragoza. Apenas los separan veinte o veinticinco kilómetros. Fue todo lo que se pudieron aproximar las tropas de la República a la capital de Aragón aquel verano de 1937 en el que Fuentes se convirtió en un campo de batalla, con los soldados de ambos ejércitos disparándose en sus calles, según me cuenta un hombre joven que para más detalles me remite al alguacil municipal, que es, asegura, el que más sabe de la guerra en Fuentes porque ha dedicado muchas horas a investigar sobre el tema. Se llama Alberto, me dice antes de alejarse saludando a los vecinos que a esta hora van y vienen por la calle como él.

Yo hago lo propio disfrutando de la luz de la mañana y de la tranquilidad de Fuentes después de la algarabía y del bullicio de gente de Zaragoza. Aunque animado, Fuentes no deja de ser un pueblo y su ritmo no tiene nada que ver con el de una ciudad. Aunque delante del ayuntamiento, al que llego en busca del alguacil que tanto sabe de la guerra aquí, los dos bares de la plaza están llenos de vecinos que han debido de venir a hacer gestiones y seguramente también de funcionarios municipales que han salido a tomar el café de media mañana. Quizá Alberto, el alguacil, sea uno de ellos.

—No, está por aquí —me dice una compañera suya a la que pregunto por él en el ayuntamiento—. Espere un *momentico* que lo busco.

La funcionaria se va y al poco aparece en compañía de un hombre que se identifica como el alguacil mientras me observa con cierto recelo. Quién será este forastero y qué pretenderá de mí, dice con su expresión aunque verbalmente no lo manifieste. Al contrario, me pregunta qué es lo que quiero de él. Se lo explico, así como que ha sido un vecino suyo el que me animó a venir en su busca mientras él continúa mirándome con desconfianza. Es normal, no debe de ser habitual que alguien se presente aquí preguntando por una guerra que, salvo al alguacil y a otros pocos más, a nadie le debe de interesar ya en Fuentes de Ebro.

Pese a ello, el hombre me invita a acompañarle hasta uno de los bares de la plaza para poder hablar más tranquilos. Le acompaño y, roto el hielo, Alberto, el alguacil, me cuenta a grandes rasgos, mientras saluda a unos y a otros (se ve que es muy popular), lo que pasó en Fuentes en el verano de 1937: por dónde atacaron la división de Líster y las tres Brigadas Internacionales que participaron en la operación comandadas por el general Walter, el militar polaco que combatió en la guerra de España y que inspiró el personaje del general Golz de la novela de Hemingway *Por quién doblan las campanas*; por qué los tanques soviéticos que se estrenaron aquí fracasaron, quedando varios de ellos abandonados en la ribera (al parecer, las tropas franquistas la habían inundado para que los blindados se atollaran en el barro y no pudiesen avanzar); cuánta gente murió en esa batalla y, en fin, cuáles fueron los daños que sufrió Fuentes, que hoy no se notan ya pero que fueron considerables, al parecer. La iglesia parroquial, por ejemplo, perdió su torre y muchas casas quedaron en ruinas. Aunque nada comparado, me dice el alguacil, con lo que pasó en Rodén, una pedanía próxima que quedó destruida del todo y ya nunca volvió a ser habitada como ocurrió con el viejo Belchite, también muy cerca de aquí.

—Debería acercarse a ver Rodén. Impresiona.

La conversación prosigue, cada vez con el alguacil más relajado y hablador una vez que ha decidido que soy hombre de fiar, saltando de la guerra a otras historias, como la del dueño de un taller de Fuentes que desguazó poco a poco en los años cuarenta un tanque soviético de los que quedaron abandonados en la ribera para hacer piezas para una prensa o la de la excavación arqueológica que, al parecer, se está llevando a cabo en Rodén, con la que el alguacil también colabora, según me dice, porque le apasiona la arqueología.

—Hay seis pueblos en España que fueron destruidos en la guerra y que nunca los reconstruyeron: Corbera de Ebro, en Cataluña, tres en Guadalajara, y Belchite y Rodén aquí, en Aragón... Yo he visto tres de los seis y le puedo asegurar que el que más impresiona es Rodén.

Terminados los cafés, el alguacil me acompaña hasta la iglesia para mostrarme la torre bombardeada y reconstruida después de la guerra (se nota por el campanario, que es de pizarra, nada que ver con la arquitectura en ladrillo del templo), pero pronto se despide, pues está en su horario laboral. Tampoco yo quiero entretenerme más, pues aún me queda mucho camino por recorrer hoy y, antes de seguir, quiero acercarme a Rodén. El alguacil me ha convencido con su insistencia. Se lo digo al tiempo que le regalo una novela de las que llevo en el maletero del coche para esas ocasiones, que él recibe con sorpresa, pues no esperaba ningún pago por la conversación.

—Julio Llamazares —lee mirando la portada—. El caso es que el nombre me suena —dice.

Las ruinas de Rodén

A la salida de Fuentes, dentro aún del casco urbano, un letrero me conduce hacia Rodén, que, como el alguacil me anunció, está a sólo tres kilómetros. El pueblo aparece detrás de unos promontorios tan desolados y grises como la carretera, tal es su degradación geológica. En apenas tres kilómetros el paisaje ha cambiado por completo. El pueblo de Rodén también es de color gris, al menos visto en la lejanía. El antiguo, porque el nuevo, que está abajo, metido en una hondonada bajo el cabezo en el que se alza aquél, tiene cubiertas de teja y está pintado de blanco. Sobre el viejo Rodén, en cambio, la torre de un castillo o de una iglesia se eleva contra el cielo prolongando el gris yeso de las construcciones. O, mejor, de sus ruinas, porque, a medida que me acerco a ellas bordeando la colina en que se asienta, empiezo a descubrir que todo el pueblo está destruido, incluida la iglesia-fortaleza. Se diría que su materia vuelve a la tierra de la que surgió.

Dejo el coche cerca de él y por uno de los senderos trazados por las pisadas de los curiosos llego hasta arriba y me interno en el laberinto de escombros que hoy es el viejo Rodén y entre los que sobresalen la iglesia y la torre del castillo. El resto es una masa informe de piedras de color gris, el que le presta el yeso de su composición. De la iglesia, que estaba encalada, quedan los muros, pues la cubierta ya se ha caído también. Parece que el conjunto haya sufrido una hecatombe, tal es su grado de destrucción. Y, sin embargo, un grupo de trabajadores se afanan esta mañana en apuntalar los muros y algunas de las casas cuyas formas aún se distinguen entre los amontonamientos de escombros de las demás. Son contratados de un plan de empleo municipal cuya misión es salvar lo poco que queda en pie de Rodén tras haber sido declarado Bien de Interés Cultural como Sitio Histórico, según me cuenta el jefe de los obreros, un hombre amable y muy realista que contempla el ímprobo trabajo que les espera:

—Salvaremos lo que podamos —me dice—, porque está ya todo caído.

Doy la vuelta a las ruinas, que el encargado de su consolidación me ha dicho no son tanto producto de los bombardeos de la guerra, aunque alguno sí sufrió Rodén, como de la destrucción provocada por los soldados republicanos que aquí estuvieron y que arrancaron las maderas de las casas para hacer lumbre (recuerdo a mi padre y a sus compañeros en las parideras de Caminreal, que hicieron lo mismo que ellos) e incluso se llevaron piedras para fortificar las trincheras próximas ante la ausencia de los vecinos, que habían sido evacuados del pueblo desde el primer día. No hay que olvidar que ese valle seco que ahora cruza un viaducto gigantesco por el que cada poco pasa un tren de alta velocidad camino de Barcelona o de Zaragoza metiendo un fenomenal estruendo durante la Guerra Civil separaba a los defensores de

Fuentes de los que pretendían tomar el pueblo y que fueron muchas las vidas que costó a unos y a otros. Y todo para esto: para que lo mismo Fuentes que Rodén, uno rehecho y otro en ruinas, vean pasar los trenes frente a sus casas sin que sus viajeros sepan lo que aquí sucedió hace más de ochenta años. Entre otras razones, porque a la velocidad a la que van los trenes ni siquiera les da tiempo a mirarlos.

A mí sí me ha dado tiempo, así que me dispongo a seguir camino después de despedirme de los trabajadores del plan de empleo municipal, pero, cuando llego al coche, veo subir por la cuesta una moto cuyo conductor resulta ser mi amigo el alguacil de Fuentes. Lo descubro cuando se quita el casco. Viene, me confiesa el hombre, porque la bibliotecaria del pueblo le ha dicho que soy un escritor conocido y quiere enseñarme personalmente Rodén. Le digo que ya lo he visto, pero él insiste, así que no tengo más remedio que aceptar su ofrecimiento. Después de venir hasta aquí en la moto, habría sido un desaire por mi parte no aceptarlo.

Tampoco me arrepentiré. Porque, con las explicaciones del alguacil y las del encargado de los trabajadores, que es amigo suyo y nos acompaña ahora en nuestro paseo por las ruinas, entiendo mejor cómo era Rodén y cómo vivían sus vecinos, algunos de los cuales, según parece, regresaron al final de la guerra y resistieron aquí en condiciones penosas hasta que Regiones Devastadas, el organismo del nuevo régimen franquista responsable de la reconstrucción de los pueblos destruidos en la guerra, les hizo el nuevo pueblo para que abandonaran éste. Como en Belchite, era tal la ruina de Rodén que decidieron dejarlo así.

—Bueno, por la ruina y porque Franco quería demostrar al mundo, como hizo también con Belchite, lo malos que eran los rojos... —completa el alguacil con una sonrisa las explicaciones del encargado.

Ha llegado la hora de despedirme de ellos, pero el alguacil de Fuentes aún tiene algo más que enseñarme. Si quiero saber más de Rodén, me dice cuando me despide al lado del coche, me envía una novela de un escritor catalán, soldado de la República, que estuvo aquí en la guerra y cuenta en ella sus aventuras.

—La tengo en el ordenador. He intentado comprarla, pero no la he encontrado —me dice.

—¿Cómo se llama el autor?

—Martí Camprubí, no debía de ser muy famoso... La novela se titula *Antihéroes de segunda línea* —me dice en el momento justo en que un tren aparece de pronto frente a nosotros y atraviesa a toda velocidad el valle de Rodén borrando sus palabras con el ruido.

¿Quién sobra aquí?

Entre Fuentes y Quinto, el siguiente pueblo por la ribera del Ebro abajo, estuvo durante varios meses la frontera entre el Aragón franquista y el republicano, lo que llevó a que, por ejemplo, según me contó Alberto el alguacil, hubiera una hora de diferencia en los relojes de sus vecinos. Algo que les costaría entender pero que todavía cuesta más comprender hoy, en esta mañana de primavera en la que la paz y la calma reinan sobre la ribera y sobre la carretera que une los dos pueblos entonces enfrentados y hoy separados apenas por unos pocos kilómetros que se recorren casi sin darse cuenta. Como hasta Fuentes, la carretera que va hacia Alcañiz lo hace por un territorio plano que el Ebro, al modo del Nilo egipcio, riega y convierte en una faja feraz en medio de las estepas que lo flanquean por sus dos orillas. En cuanto uno se desvía del río deja de ver el verde para adentrarse en auténticos desiertos.

Por Quinto debió de pasar mi padre cuando ya el pueblo habría sido reconquistado por los franquistas después de varios meses en poder de la República tras el ataque lanzado por ésta en 1937 y que supuso la destrucción de muchas casas del pueblo, en el que se llegó a combatir cuerpo a cuerpo, según testimonios. Pero, como en el vecino Fuentes, donde el ataque republicano encalló, en Quinto esa destrucción apenas se nota ya salvo que uno repare en su arquitectura nueva. Sobre todo en la del ayuntamiento y la plaza que lleva el nombre de España y que es ahora el centro oficial del pueblo pese a estar separado por la carretera de su casco antiguo. Tanto el ayuntamiento como la iglesia y como las construcciones que rodean la plaza muestran la impronta de la arquitectura franquista que Regiones Devastadas diseminó por todo el país. Incluso con la carretera separándola del pueblo, la plaza nueva de Quinto contrasta fuertemente con el aspecto del pueblo original, de color ocre terroso, como todos los de la zona.

—Esto lo hicieron presos republicanos después de la guerra, que yo me acuerdo perfectamente —me confirma, por el ayuntamiento y los edificios de alrededor, el único vecino que pasea por el jardín de la plaza cuando yo llego y que me dice que ya ha comido a pesar de la hora—. Yo como pronto —se justifica.

El hombre, que tiene ganas de hablar, me cuenta que nació aquí en el año 1937, esto es, en plena guerra. No conoció a su padre porque lo mataron al poco de iniciada ésta junto a otros ocho vecinos de Quinto que, como su progenitor, nada habían hecho y por eso no huyeron del pueblo como sí hicieron otros en los primeros días del levantamiento, según se lamenta aún.

—En Azuara, un pueblo que está aquí cerca, cuando llegaron los falangistas de Zaragoza, le preguntaron al alcalde quién sobraba y éste les dijo que no sobraba nadie. Aquí preguntaron lo mismo y les dieron una lista de nueve, mi padre uno de ellos. Los mataron a todos en una noche —dice el anciano, que se llama Manuel y siempre ha vivido en Quinto salvo los meses en que evacuaron el pueblo cuando empezó la ofensiva de Zaragoza, por lo que sabe todo lo que aquí pasó tanto en la guerra como después—. Cuando terminó la guerra, había mucha metralla tirada por el campo y la gente la buscaba para venderla, pues eran años en que se pasó muy mal. Yo, un día, buscando balas, me encontré a un soldado enterrado en aquel cabezo. —Me señala una colina que se alza detrás del pueblo antiguo, sobre la enorme iglesia que lo corona y que, según Manuel, guarda unas momias que enseñan a los turistas—. Le quité las balas que llevaba encima y lo volví a enterrar. Ahora debe de estar cerca del Ebro, porque de allí llevaron mucha tierra para hacer las motas...

Manuel habla y habla sin necesidad de que yo le anime. Se ve que pasa muchas horas solo o que ya nadie le escucha porque sus vecinos deben de conocer sus historias. Como trabajó repartiendo bebidas por la comarca conoce muchas de Quinto y de otros lugares, aunque cada poco vuelve a la de su padre, al que no pudo conocer porque lo asesinaron los falangistas de Zaragoza. «Los que lo asesinaron eran de fuera —repite como una salmodia—, pero los que lo denunciaron eran de aquí...». Y se queda mirando el jardín en el que sólo él y yo estamos este mediodía de junio, como si todo el pueblo de Quinto hubiera desaparecido.

No lo ha hecho. El resto de los vecinos están en los bares, o en sus casas, disponiéndose a comer. Son las dos del mediodía y en Quinto, que es la mitad de Fuentes según Manuel (antes eran más o menos, dice, pero Quinto ha perdido mucho en estos años, «culpa de los alcaldes que hemos tenido»), la vida se ha parado en apariencia, aunque no sea del todo así. En Casa Mallar, en la carretera, que Manuel me ha recomendado para comer, las mesas están llenas de vecinos y de trabajadores que han hecho una pausa en sus quehaceres. La mujer que atiende la barra y la que sirve las mesas del comedor son rápidas y muy animosas, tienen una palabra para cada cliente. Todas acabadas con el diminutivo característico de la tierra, que pronuncian con un fuerte acento aragonés: *olivicas*, *ensaladica*, *vinico*... Se nota que ya estoy en la ribera baja del Ebro, que es donde dicen se habla el aragonés más recio.

Después de la comida, que remato con un café para no dormirme (anoche, en Zaragoza, me acosté tarde y hoy me desperté temprano), doy un paseo por Quinto, que continúa desierto a causa de la hora. Como Fuentes, es pueblo agrícola y de larga historia, como demuestran algunas casonas y los tres arcos de la muralla que debió de tener en su día. Por no hablar del propio nombre, que, por lo que parece, alude al quinto miliario de la calzada romana que unía Cesaraugusta (Zaragoza) con Celsa, ciudad desaparecida pero cuyo nombre parece recordar Gelsa, un lugar cercano a Quinto por cuyo puente cruzaron el Ebro las tropas de Yagüe después de reconquistar Quinto camino de Bujaraloz. Según los historiadores, en Quinto debió de establecerse un contingente militar romano que se encargaría de vigilar la zona y que sería el origen del pueblo.

Pero no hay nadie a quien preguntarle más. A las tres y media de la tarde, en Quinto todos los vecinos están comiendo o mirando la televisión. Así que recorro el pueblo en pocos minutos y, cuando me doy cuenta, estoy de nuevo en la carretera. Desde ella vuelvo a mirar la iglesia bombardeada y reconstruida que corona el cerro y el pueblo viejo, sustituida en el culto religioso por la que levantó Regiones Devastadas. Es más fácil para los vecinos de Quinto venir a ésta que subir al espolón sobre el que se levanta la primitiva.

¿Se fijaría en ella mi padre y la vería bombardeada y a medio caerse como la mitad del pueblo cuando pasó por aquí pocos días después de que lo hiciera el ejército de Yagüe, que fue la avanzadilla en la ofensiva de Aragón por la derecha del Ebro y la que reconquistó Quinto el 7 de marzo de 1938, cuando mi padre y Saturnino aún debían de pasear con sus novias por Zaragoza? Ya nunca podré saberlo, como tampoco podré saber, pues ya no está en la plaza Manuel para preguntárselo, cómo fueron recibidos por los vecinos de Quinto los nacionales después de meses en manos de la República y de lo vivido en los primeros días del levantamiento, cuando los falangistas de Zaragoza iban de pueblo en pueblo preguntando a los alcaldes y vecinos quién sobraba. Cuando abandono Quinto por la carretera, sólo el nombre de la Casa de la Cultura me recuerda que de aquí descendía el dramaturgo Enrique Jardiel Poncela, cuyo padre nació en Quinto, mientras que desde la pared de una casa, al final del pueblo, un viejo cartel me despide: «Ebro, el tractor nacional» proclaman sus letras negras sobre el dibujo de un tractor antiguo, nada que ver con los que he visto hoy viniendo de Zaragoza por los caminos de la ribera. Al menos el gran río español sirvió para nombrar más cosas que la famosa batalla, pienso mientras fotografío el cartel.

Paisajes lunares camino de Caspe

A la salida de Quinto, la carretera toma una doble dirección, lo que me obliga a decidir cuál de las dos sigo yo. La principal es la de Alcañiz, que continúa hacia Castellón, mientras que la de la izquierda es la que lleva a Caspe por la ribera del Ebro, de la que la carretera principal se separa. Entre ambas va la vía del tren que viaja hacia Cataluña acompañando también al río, cuyo cauce comienza a hacer meandros cada vez más pronunciados y mayores. Es el camino que yo decido seguir, pues Caspe fue uno de los lugares en los que mi padre y Saturnino estuvieron si la memoria de éste no le traicionó. El recuerdo del general García Valiño una noche junto a Caspe le quedó tan grabado como el del militar franquista en el Cerro Gordo de Teruel. Ese recuerdo que le llevó a concluir que al general García Valiño le gustaba la guerra.

Hasta La Zaida, que es el siguiente pueblo después de Quinto, el paisaje sigue igual, con el Ebro humedeciendo la ribera, pero a sus lados la tierra se hace más árida, tanto que parece arena. Es como si el río atravesara un desierto, que es lo que es la estepa ya por aquí. Ni árboles se ven apenas, tan descarnadas son las colinas que acompañan a la carretera por su derecha y al otro lado del río, en el horizonte. Es el desierto de los Monegros aragoneses, que llega casi hasta el Ebro. Cómo debió de ser la guerra en estos lugares, sobre todo en pleno verano, con el calor que hace aquí. Tanto la tierra como las construcciones delatan sus efectos, pues están descoloridas hasta las tejas y las paredes. Es el caso de La Zaida, un pueblo pegado al Ebro pero rodeado por un paisaje lunar. Todas sus casas parecen calcinadas por el sol y más a la hora a la que yo llego, que es la de la sobremesa. Salvo tres chicos en bicicleta que van a bañarse al río o a la piscina, pues llevan toallas y bañadores, no se ve a nadie más por las calles. Aunque, cuando me subo al coche para seguir mi camino, de una casa de la plaza sale alguien que se me queda mirando un rato como si quisiera saber qué hago yo aquí. Me gustaría decirle la verdad, pero seguramente ésta lo intranquilizaría aún más.

Entre Sástago y Escatrón, los dos pueblos siguientes en dirección a Caspe por la ribera, el Ebro traza un meandro tan retorcido que por momentos cuesta saber en qué orilla del río se está. Como si fuera una gran serpiente, el agua va haciendo curvas, retrocediendo incluso en su avance, como si de repente hubiera perdido interés por alcanzar el mar que la espera. La carretera que la acompaña se desconcierta y por eso a veces no sabe qué dirección seguir. Y el conductor que va solo como yo ahora pierde la orientación en muchos momentos, sorprendido por la dirección del río y por el cada vez más descarnado e inhóspito paisaje que lo acompaña desde que salió de Quinto. Solamente el verdor de la ribera cuando de tanto en tanto reaparece por la izquierda o la derecha (hay un momento en el que uno duda si cruzó el río en algún punto sin darse cuenta) te asegura que no estás en un desierto africano sino en el corazón de la depresión que forma camino de Cataluña el mayor río de la península ibérica. Y eso hoy, con la carretera bien asfaltada y señalizada, que cómo sería la sensación cuando era de tierra y piedra como se ve en las fotografías de la época en la que mi padre pasó por aquí en un convoy militar.

Sástago, como La Zaida, tiene heridas de la guerra, pues fue paso obligado de los ejércitos que avanzaban en ambas direcciones junto al Ebro, el republicano en 1937 en dirección a Quinto y a Zaragoza y el de Franco en 1938 camino de Caspe y de Cataluña, de las que su principal testimonio es el puente, volado en su retirada por el Ejército Popular para impedir el paso del río a sus enemigos y que nada tiene que ver con el primitivo. Reconstruido después de la guerra, tuvo que ser reparado hace poco, parece, al advertirse una desviación en su arco central. E igual pasó con la iglesia, bombardeada como la mayoría de las de estos pueblos por ser el símbolo de la religión católica, tan denostada por los partidos de izquierda, y por constituir a la vez su torre el mejor puesto de vigilancia y de tiro. Cuando llego ante ella, el reloj da las cuatro y media, una hora a la que ya deberían haberse despertado de la siesta los habitantes de Sástago, pero no se ve a ninguno. Solamente a unos adolescentes, igual que en La Zaida, que juegan al balón delante del ayuntamiento. Éste se alza en lo más alto del caserío y desde su mirador se divisa el Ebro justo a los pies y, al otro lado, un pueblo cuyo nombre ignoro. Puede que sea Alforque. Detrás, hasta el horizonte, la faja de la ribera que riega el río y la estepa monegrina, completamente deforestada y sin señales de vida humana salvo la carretera que lleva de Sástago a Bujaraloz. Por lo demás, tanto el ayuntamiento como el edificio de enfrente, los dos nuevos y a cuál más anodino, invitan poco a quedarse en este lugar del que hasta los adolescentes de la pelota se han ido, quizá aburridos de jugar solos.

Por estos pueblos de la ribera baja del Ebro limítrofes con el desierto de los Monegros y con el Bajo Aragón de Teruel se establecieron durante la Guerra Civil las colectividades agrícolas que implantaron los anarquistas llegados de Cataluña en los primeros meses de la contienda y que han inspirado algunas películas de cine y muchas historias. Su recuerdo, cada vez más diluido en la memoria popular, es ya un eco de unos tiempos en los que la revolución se creía posible, pero, viendo estos paisajes que ahora atravieso (paisajes duros y descarnados, sin vida y sin vegetación apenas), es fácil soñar con ellos, rememorar las imágenes de los campesinos aragoneses trabajando la tierra en común y con la ilusión que vendía la propaganda de la colectivización anarquista. Lo pienso mientras conduzco, pasado el puente de Sástago, metálico y amarillo como una atracción de feria, contemplando a derecha y a izquierda los montes áridos y desérticos por los que continúa la carretera de Caspe, cuya presencia parece cada vez más cerca. Aunque antes está Escatrón, un pueblo, como Sástago, lleno de heridas de la guerra y, antes aún, el monasterio de Rueda, que también fue utilizado como refugio por los dos ejércitos pero cuyas cicatrices son más antiguas, pues proceden de la desamortización.

Los restos del monasterio, cuyo nombre le viene, al parecer, de la enorme rueda, hoy restaurada y recuperada para el turismo, que extraía el agua del Ebro y la empujaba por un acueducto hacia las dependencias y la huerta monacal, quedan a un lado de la carretera, en un oasis paradisíaco formado por el río en mitad del desierto que lo rodea. En un paisaje tan estepario, el conjunto monacal con su noria y sus acequias semeja una fantasía a pesar de su soledad. Pues, aunque ha sido recuperado y rehabilitado como la noria, el monasterio de Rueda está vacío. Al menos no se ve a nadie en sus alrededores ni hay ningún coche que permita imaginar que haya gente dentro.

Junto a la noria, la soledad es aún mayor, pues la umbría en la que se esconde les da un aura romántica a la rueda y al tramo del acueducto que lleva el agua en dirección a la huerta del monasterio, cuyos muros comienzan prácticamente al lado del río. Después de atravesar la estepa, reconforta esta humedad y este silencio que sólo los pájaros interrumpen esta tarde, pues no hay nadie alrededor. Escatrón, cuyas casas se ven lejos, tampoco hace llegar su ruido hasta este lugar que parece haber quedado suspendido en el tiempo. ¿Cómo imaginar una guerra aquí, en este paraíso acuático y religioso en el que parecen oírse aún las voces de los monjes que lo convirtieron en lo que continúa siendo: un remanso de paz y de virtud?

Pero todo puede imaginarse a poco que alguien colabore. Cuando navego en esos pensamientos, veo llegar un coche por el camino que desciende hasta la noria y bajarse de él a tres jóvenes que ignoro de dónde proceden. Traen camisetas del Ejército español y vienen a pescar, por lo que parece: uno saca una caña del maletero del coche. Sus voces rompen el silencio y su acento andaluz choca con el paisaje que nos rodea. Imagino que sean soldados de algún cuartel de la zona (posiblemente de la Academia de Zaragoza, por lo que dicen sus camisetas), pero tampoco indago mucho. A mi única pregunta: «¿Venís a pescar aquí?», la respuesta desabrida de uno de ellos: «Tiene pinta», me convence de que es mejor no intentar ninguna conversación y regresar en busca de mi coche. Se estaba bien en el monasterio de Rueda, pero de repente todo cambió.

Caspe es Babel

Escatrón está, como Sástago, subido en un escarpe sobre el río Ebro y como Sástago dibuja su caserío como si fuera un juego de dominó en el que, si una construcción se cae, se caerían todas, pues están pegadas unas a otras y los materiales con los que fueron hechas, barro y ladrillo principalmente, no son demasiado fuertes. Como Sástago también, Escatrón no parece muy bonito, así que paso de largo delante de él sin entrar a ver qué me ofrece. Estoy deseando llegar a Caspe y aún me quedan algunos kilómetros por lo que se adivina no será un paisaje muy diferente del que he cruzado hasta ahora. Las colinas que atravieso son tan peladas y pobres como las que dejé detrás y la carretera, además, se aleja del Ebro, con lo que el verde desaparece por completo. En su lugar, miles de placas solares convierten el paisaje en más irreal aún pese a la presencia de algunos olivos bajos y de pequeñas lagunas que aquí llaman saladas y de las que en algún momento se extrajo sal para el consumo de los lugareños. Las de Sástago, al otro lado del Ebro, fueron famosas, pero hoy ya no se explotan. Tampoco las de Chiprana, que están entre Escatrón y Caspe y que llevan el nombre del único pueblo que encontraré en mi camino ya cerca de la célebre ciudad aragonesa capital de un territorio de frontera que navega entre su larga historia y su lejanía.

A Caspe llego hacia la media tarde, justo a la hora en la que, según parece, muchos de sus vecinos han dado la jornada laboral por concluida, pues continuamente llegan del campo coches y furgonetas de los que descienden grupos de trabajadores. La mayoría son extranjeros y, dentro de ellos, abundan los de aspecto magrebí. Deben de trabajar en las fincas agrícolas que se riegan con el Ebro, que más abajo de Caspe ha sido embalsado por los pantanos de Mequinenza y de Ribarroja. La cola del primero llega casi hasta Chiprana y sus orillas son hoy extensas fincas de regadío que ocupan a cientos de trabajadores. Son estos a los que ahora veo bajar de las furgonetas y de los coches y dirigirse a sus domicilios para cambiarse y salir a pasear por Caspe hasta la hora de cenar. Bastantes de ellos visten chilabas, lo que le da a la ciudad un aire internacional pese a estar en un extremo de la provincia de Zaragoza, a más de cien kilómetros de la capital de la provincia y de Aragón.

Pese a ello, Caspe ha tenido mucho protagonismo en la historia de ambas, como se advierte en su caserío, lleno de grandes iglesias y de palacios, y recuerdan los carteles que proclaman que acogió en diferentes momentos históricos instituciones y reuniones políticas determinantes para los aragoneses. La primera, el famoso Compromiso de Caspe, el acuerdo con el que representantes de los distintos territorios de Aragón reunidos en 1412 en la colegiata de Santa María decidieron entregar la Corona del reino al castellano Fernando de Antequera tras morir sin descendencia legítima el rey Martín I el Humano, y la segunda, cuando en la primavera de 1936 los partidos progresistas redactaron un Estatuto de Autonomía de Aragón que no se llegó a aprobar porque estalló la Guerra Civil pero que fue el primer antecedente del actual. Aunque el momento de más trascendencia para la ciudad de Caspe fue cuando se constituyó en ella, en plena guerra civil española, el llamado Consejo de Aragón, integrado mayoritariamente por anarquistas y que ejerció como Gobierno del Aragón republicano al margen del de Valencia mientras estuvo en funcionamiento, lo que le costaría a Caspe graves represalias tras su recuperación por los sublevados, como muestra una exposición que se anuncia en el palacio que fuera la sede del Consejo. Me lo dice el chico de la oficina de turismo que también alberga y a la que entro en busca de un plano.

Pero yo prefiero pasear por la ciudad de hoy, que es a lo que he venido, no a hacer turismo como se imagina el chico de la oficina municipal, que con amabilidad se ofrece a satisfacer cualquier duda que tenga. Tengo tantas que no terminaría nunca de plantearlas y, además, no podría responder a muchas. Porque mis dudas no tienen que ver con la historia de Caspe o sus monumentos sino con lo que aquí viviría mi padre cuando estuvo en la ciudad, si es que llegó a estar en ella realmente. La única certeza que tengo de que así fuera es el testimonio de Saturnino y, más en concreto, su recuerdo del general García Valiño apareciendo una noche cerca de Caspe ante la sorpresa de unos soldados cuya juventud les hacía engrandecer su figura. Me dejaré guiar por ese recuerdo de Saturnino como me he dejado guiar por otros que me contó desde que comencé este viaje.

¿Qué harían en Caspe mi padre y sus compañeros? ¿En qué momento llegarían a la ciudad y cómo la encontrarían, si es que llegaron, como supongo, detrás de las tropas marroquíes de Yagüe, que fueron las que la recuperaron para los franquistas y cuyos métodos no eran precisamente ejemplares por lo que a mi propio padre le oí contar en alguna ocasión? La encontraran como la encontraran, Caspe no tendría el aspecto que presenta hoy ni sus calles estarían llenas de gente paseando o conversando en grupos en las esquinas o en las terrazas de los cafés, que están abarrotadas a esta hora, pues la tarde invita a ello. Es la hora de relajarse y de recuperar fuerzas después de un día de trabajo y es lo que hacen los cientos de inmigrantes que me cruzo, muchos de ellos vestidos con sus indumentarias tradicionales, especialmente los musulmanes, que parecen ser mayoría. Aunque los hay de todas las religiones y procedencias según me cuenta un matrimonio mayor que conoce bien la ciudad, pues tanto él como ella nacieron en Caspe y han vivido siempre aquí:

—El veinticinco por ciento de la población son inmigrantes, sin contar a los temporeros, que no están censados, pero que vienen por miles en la época de la recolección de la aceituna y de la fruta y pasan aquí varios meses —me dice la señora, que por la forma de expresarse parece que haya sido profesora—. En Caspe hay gente de cincuenta y tres países —me asegura.

—¿Cincuenta y tres?...

—Cincuenta y tres que consten oficialmente —confirma ella dejando la puerta abierta a que sean más incluso, pues muchos de los que vienen no están censados, según repite. El marido, que permanece en silencio, asiente con la cabeza. Se ve que ella es la que lleva la voz cantante en el matrimonio.

—Entonces Caspe es Babel... —le digo para resumir.

—Así es —me sonríe la señora, que parece aceptar de buen grado el cambio experimentado por Caspe de un tiempo acá, al contrario que algún vecino, que se queja—. Gracias a los inmigrantes Caspe no pierde población, al revés —considera—. El problema de Caspe ahora es que no hay viviendas libres y que cada vez se necesitan más colegios, pues los que vienen son jóvenes y están en edad de procrear.

—¿Usted fue profesora? —le pregunto.

—Los dos —dice mirando al marido, que asiente sin decir palabra.

—Pues gracias por la información —les digo, siguiendo mi camino calle arriba.

Al final de la calle está la colegiata de Santa María, en la que en 1412 se reunieron representantes de los distintos territorios de Aragón que firmaron el acuerdo mediante el cual se ofreció el trono aragonés a Fernando de Antequera. La colegiata, un edificio gótico de una sola torre y con su portada principal desnuda, pues toda su estatuaria fue destruida en la guerra, durante la cual el templo fue utilizado como garaje de camiones, está cerrada a esta hora, pero a su alrededor grupos de pakistaníes conversan entre ellos, lo que le da al lugar un aire sincrético digno de una ciudad de Oriente. Y más con los restos del mausoleo romano de Miralpeix rescatados de las orillas del Ebro para que el embalse de Mequinenza no los engullera ocupando el centro de la plaza sobre la que se eleva la histórica colegiata del Compromiso. Si no supiera que esto es Aragón nunca lo imaginaría.

Pero lo mismo pasa alrededor de ella y en la vecina plaza de España, que es el punto principal de la ciudad y en la que a esta hora del día sólo se ven inmigrantes. Por la mañana, me dijo la profesora con la que antes hablé, se ven más nacionales porque los extranjeros están trabajando en el campo, pero de tarde éstos son mayoría. El resultado es que Caspe parece una gran Babel sólo que con la arquitectura típica de un pueblo aragonés.

—Los de aquí estamos acostumbrados, pero a los turistas les llama mucho la atención, es verdad —me dice la camarera que me atiende en la terraza de un bar de la calle en cuesta que une la plaza de España con la colegiata.

Cae la tarde sobre Caspe. El sol empieza a ocultarse detrás de los edificios y la luz se hace más dorada, lo que indica que el atardecer se acerca. Sentado en una terraza, mientras veo pasar arriba y abajo familias de todos los aspectos y oigo sus lenguas, que, entremezcladas, hacen de Caspe una Babel, pienso en la paradoja que supone que la ciudad que albergó un Gobierno que promovió la utopía anarquista de la colectivización de la tierra y su autogestión por los campesinos sea ahora refugio de extranjeros que, como los españoles hasta que estalló la guerra y después, trabajan para sus propietarios a cambio de un sueldo. Y también que muchos de esos extranjeros tengan el mismo origen que aquellos soldados moros cuya fama causaba pavor entre la población civil y especialmente entre las mujeres, a las que se decía violaban sin piedad, y que fueron los que recuperaron Caspe para los nacionalistas. Aunque hoy, en este atardecer de primavera, la paz reine entre los vecinos de esta vieja ciudad aragonesa, sean cuales sean su origen y su nacionalidad. El tiempo no pasa sin dejar su huella.

Bombardeo en Alcañiz

A Alcañiz llego ya anocheciendo después de recorrer los veintisiete kilómetros que separan a la capital del Bajo Aragón de Caspe (veintisiete kilómetros por una carretera que atraviesa un paisaje de garriga sin más huella humana que algunos mases abandonados y en ruinas y algunos campos de cereal), por lo que apenas me da tiempo a buscar un hotel y a cenar en un bar cercano que, como el hotel, compensa su modestia con sus extraordinarias vistas: sus ventanales dan a la plaza que forman el ayuntamiento y la colegiata de Alcañiz, dos edificios monumentales, gótico-renacentista uno y barroco el otro, merecedores sólo por ellos mismos del viaje. Pero por la mañana, cuando después de escribir mi artículo semanal para un periódico que pronto me invitará a dejar de hacerlo salgo a la calle, la segunda ciudad de Teruel se me ofrece en todo su esplendor, que acentúa la luz de un día de junio que es oro sobre sus edificios. Palacios y casonas, como el ayuntamiento y la colegiata, me reciben como un gran decorado que preside en lo más alto el castillo hoy convertido en parador. Alcañiz, se ve, tuvo una gran importancia en la historia aunque su actual condición de segundona le haga envidiar a Teruel, la capital de una provincia tan enorme como desarticulada. Basta con señalar que entre las dos ciudades más importantes de la provincia hay nada menos que ciento cincuenta kilómetros de carretera.

Pero Alcañiz no parece pensar en eso esta mañana, al revés: encara el nuevo día con sus vecinos llenos de buen humor, pues el tiempo invita a ello. Pronto llegará el verano y con él la época de mayor turismo, que es junto con la agricultura el principal recurso económico de la ciudad, y se nota. El hotel Guadalope, en el que he dormido, está ya casi al completo según su dueña y durante toda la mañana me encontraré con grupos de turistas que van y vienen de un sitio a otro admirando los monumentos de una ciudad que es pródiga en ellos, lo mismo que algunos pueblos de alrededor. Aunque ninguno tan imponente como el de la colegiata, el mayor templo, dicen, de la provincia de Teruel y cuyas onduladas formas barrocas contrastan con su desnudez interna. Como la colegiata de Caspe, también ésta se utilizó de garaje y almacén de munición y de armamento y sus retablos e imágenes fueron quemados en los primeros días de la guerra por personas llenas de furia contra los curas. Curas que, curiosamente, hoy son sólo dos en todo Alcañiz y los dos venidos de Hispanoamérica, uno de ellos el que oficiaba una misa para dos docenas de feligreses anoche cuando me asomé a la iglesia después de dejar las cosas en el hotel. Me lo contó un chico que esperaba a que el cura saliera para hablar con él.

Cerca de la colegiata, en la esquina de la galería gótica del ayuntamiento (en cuyos bajos guardan un grupo de cabezudos y de gigantes, éstos representando a los Reyes Católicos y a dos músicos locales que durante muchos años amenizaron las fiestas de Alcañiz), la oficina de turismo ofrece información a los visitantes, pero la propia oficina es visita aconsejable, pues bajo ella se abre una bodega que en tiempos se utilizó para guardar alimentos pero que hoy acoge una exposición de cerámica y piezas arqueológicas de Alcañiz y su comarca, así como unos paneles que informan de la red de pasadizos y bodegas que horadan la ciudad, incluida una nevería para el hielo, y que, al parecer, se usaron como refugios durante la Guerra Civil, lo que no impidió que entre trescientas y quinientas personas murieran en los bombardeos aéreos que sufrió la ciudad en aquellos días. Principalmente, en el que protagonizaron aviones italianos llegados desde Logroño el 3 de marzo de 1938, cuando aún no había comenzado la ofensiva de Aragón y el frente estaba lejos de Alcañiz, y que cogió por sorpresa a los vecinos, muchos de los cuales se encontraban en el campo trabajando a aquella hora. Lo cuenta uno de los paneles, que aconseja visitar el único refugio antiaéreo que se conserva de los varios que hubo en la ciudad y que ha sido objeto de restauración reciente.

—Hoy no se puede ver —me decepciona el chico de la oficina de turismo cuando le pregunto por su emplazamiento—. Las visitas son guiadas y esta mañana hay programada una de un grupo de militares.

—¿Y no me puedo unir a ellos? —le pregunto.

—No —me responde el chico muy seco, lo que me ahorra la tentación de insistir. El Ejército es el Ejército, pienso, y más en materia de bombardeos.

Así que salgo de la oficina y me voy a dar una vuelta por Alcañiz. Lo hago bajando la calle Mayor, que, al revés que todas las calles mayores que conozco, está en pendiente, cosa que sorprende mucho. Pero es bonita. Aunque poco transitada esta mañana, está llena de palacios y casonas solariegas, varios de ellos restaurados y reconvertidos para otros fines distintos al que tuvieron. Uno acoge, por ejemplo, la Biblioteca de Alcañiz y otro, en la acera contraria, la sede de la Comarca del Bajo Aragón, de la que la ciudad es la capital. El palacio, que se puede visitar, tiene también una gran bodega, pero lo mejor es el edificio en sí. El palacio de Maynar, como se llama, aparte de haber acogido, además de a la familia que le dio el nombre, a los sindicalistas de la FAI y de la CNT durante la guerra y a los socios del Casino de Alcañiz en la posguerra, es uno de los mejores ejemplos de lo que fueron los grandes palacios renacentistas aragoneses. Me lo cuenta el hombre de la oficina de la Comarca, que me señala que la bodega, que ahora es la sala de exposiciones aunque se utilice poco por la humedad, sirvió también de refugio en la guerra.

Cuando salgo del palacio de Maynar, veo bajar por la calle Mayor a medio centenar de militares a buen paso, casi como si fueran en formación, precedidos por el chico de la oficina de turismo que me dijo que hoy no se podía visitar el refugio antiaéreo. Los soldados van vestidos de faena y lucen gorras de color rojo, las mujeres con el pelo recogido, se ve que por mandato del reglamento. Cerrando el grupo, va un militar mayor también en traje de faena pese a que están haciendo turismo. De visita cultural, me dice el hombre, que resulta ser un general de división nada más y nada menos. El general de división Ferré, según leo en su uniforme.

Como sé que van a ver el refugio antiaéreo, sigo de cerca a los militares, que son alumnos de la Academia de Zaragoza, y cuando llegamos delante de él me aproximo y le pregunto al general si me puedo unir al grupo aunque yo no sea militar.

—Usted no diga nada y entre con nosotros —me aconseja ante la mirada inquisitorial del guía, que ha visto mi maniobra pero que, evidentemente, no se atreve a prohibirme que entre en el refugio con los militares si el general al mando me da permiso.

El refugio, el mayor y mejor conservado de los más de cincuenta que hubo en Alcañiz según nos explica el guía cuando todos estamos ya dentro de él, es un largo pasadizo con dos entradas en sus extremos, cada una dando a una calle distinta, y en el que cabían unas doscientas cincuenta personas. Construido en hormigón, sirvió de refugio a los vecinos del casco viejo, que aquí venían a resguardarse en cuanto sonaban las sirenas antiaéreas, cosa que sucedió varias veces mientras los republicanos controlaron la ciudad. Los alumnos de la Academia de Zaragoza escuchan al guía con gran respeto a la vez que contemplan este alargado pasillo en el que nos apretamos todos como durante los bombardeos harían los vecinos de Alcañiz. Para que el visitante sienta lo que éstos sentían, una grabación reproduce, mientras la luz se apaga del todo, el ruido de los aviones y de las bombas al explotar, un ruido que sobrecoge pese a que todos sepamos que no es real. ¿Qué pensarán estos jóvenes aspirantes a oficiales del Ejército español escuchando el ruido de las sirenas y de las bombas?, pienso observándolos con disimulo. Al fin y al cabo, la guerra es su profesión.

—¿Son del último curso de la Academia? —le pregunto a una de sus mandos, una mujer que creía era una alumna más pero que de repente veo que tiene tres estrellas de seis puntas sobre los hombros.

—No, son de cuarto curso, les faltan dos —me responde la capitana Echevarría (lo pone en su uniforme), cuya juventud me ha hecho creer que era una alumna como los otros.

Acabada la explicación del guía, que es la misma más o menos que la de los carteles que hay puestos en las paredes, éstos con fotografías de aviones y de las bombas cayendo para mejor comprensión de lo que sucedió por los visitantes, los militares abandonan el refugio y yo con ellos, si bien fuera de éste me separo no vaya a ser que crean que los espío. Desde mi sitio los veo alejarse detrás del guía con el andar marcial con el que caminan y pienso en el Alcañiz lleno de soldados que mi padre encontraría al llegar a la ciudad, que estaría medio en ruinas después de los bombardeos. Y con todos sus vecinos aterrados ante las represalias que se desatarían, como a la llegada de los republicanos en los primeros días de la sublevación, nada que ver con los que ahora me cruzo, que van a la compra o pasean ajenos a aquellas historias, incluso al paso de los alumnos de la Academia de Zaragoza, que siguen su visita cultural a la ciudad.

La mía, que es más tranquila, me lleva hasta el castillo, desde cuyo mirador se ven Alcañiz y todos los campos de alrededor y en el que me detengo un rato a contemplar el paisaje: abajo, el río Guadalope rodeando la ciudad con su meandro y al fondo las montañas hacia las que me dirigiré después, y luego callejeo hasta la hora de comer mezclado con los vecinos y los turistas que se llevan de recuerdo productos de esta comarca que presume de tener el mejor aceite de España, por encima de los de Andalucía. «Y el mejor jamón», añade el dueño de uno de esos comercios para turistas en el que entro como uno más decidido a llevarme también un recuerdo de mi paso por la vieja capital del Guadalope. No todo han de ser recuerdos de la guerra aunque ellos hayan sido los que me han traído a esta ciudad que hoy vive en paz y sin sobresaltos pese a que las televisiones emitan imágenes de una guerra, la de Ucrania, tan parecida a todas, sean de donde sean. «No hay poesía en la guerra», leí en uno de los libros que me acompañan en este viaje por los escenarios del que mi padre hizo hace mucho tiempo y del que nunca nos habló demasiado a sus hijos, seguramente porque le dolía.

—¿Se lleva usted unas aceitunas entonces? —me anima el dueño de la tienda, en la que también se venden, junto con el aceite y las aceitunas y otros productos de la comarca, algunos libros sobre Alcañiz, uno de ellos con un título que me llama la atención: *Alcañiz/1938. El bombardeo olvidado*.

—¿Por qué olvidado? —le pregunto al hombre de la tienda señalándole el libro en la estantería. En la portada, una fotografía muestra una casa destruida sobre la que pasa un avión militar.

—Pues porque mientras duró la guerra nadie habló de ese bombardeo —responde él—. Unos, los que lo hicieron —dice tras una pausa—, para no tener que reconocer que bombardearon a civiles indefensos y otros, los que lo sufrieron, para que la gente no se desmoralizara más de lo que ya lo estaba en aquel momento. La noticia ni siquiera se publicó en los periódicos. Se le llama el bombardeo olvidado por eso.

—Pero en Alcañiz sí se conocía... —le digo mientras le pago las aceitunas que he decidido llevar de recuerdo. Son unas aceitunas negras y arrugadas como la piel de esta vieja tierra.

—Claro... ¿Cómo no se iba a conocer si murieron cerca de quinientas personas, muchas de ellas niños? —me responde el hombre—. Pero tampoco se hablaba. La gente tenía mucho miedo.

Los maquis de La Cerollera

A las cuatro de la tarde, después de comer en un restaurante próximo y de recoger mis cosas en el hotel, salgo camino de Torre Miró, el puerto que comunica Alcañiz con Castellón y que debió de ser por el que pasó mi padre en su viaje al mar, pues Morella fue uno de los lugares que se quedaron en su memoria y en la de su compañero y amigo Saturnino para siempre. Aunque cabe la posibilidad de que su viaje, teniendo en cuenta las circunstancias en las que lo hicieron, fuera a través de los montes, puesto que las carreteras estarían cortadas y batidas por el fuego de la aviación y la artillería enemigas, lo que impediría el avance por ellas.

Hoy, sin embargo, ningún obstáculo, ni siquiera el río Guadalope, que rodea y protege Alcañiz como a lo largo de toda su historia, se opone al mío, que es mucho más pacífico y tranquilo, máxime a esta hora de la tarde en la que la gente duerme la siesta. En Alcañiz y en los diferentes pueblos que se divisan desde la carretera y que tienen en común las grandes torres de sus iglesias y estar rodeados de olivos y almendros, los árboles que caracterizan el paisaje del Bajo Aragón. Aunque pronto desaparecerán para dejar paso a los pinos, que son los que dominan los montes del Maestrazgo tanto por su vertiente turolense como por la mediterránea.

Cuando mi padre los atravesó, no obstante, todos estos serrijones debían de estar pelados o cubiertos de vegetación autóctona, lo que daría al paisaje un aspecto menos boscoso, más duro y áspero que el que ahora presenta. La luz de la primavera realza el verde de los pinares, que contrasta con el ocre de los campos cultivados en el fondo de los valles, donde se asientan los pueblos y las masías que se reparten un territorio extenso y difícil de cultivar. ¡Cómo sería la guerra en estas montañas que van ganando en altura a medida que me alejo de Alcañiz, cuya silueta, como las de Valdealgorfa y los demás pueblos, queda detrás de la carretera que se adentra poco a poco entre los pinos camino de Torre Miró y Morella! No es muy difícil imaginarlo sin necesidad de que te lo cuenten o de leerlo en los libros.

Y, sin embargo, pensar que por estos montes llenos de rocas y de barrancos profundos por los que caminar ya es una odisea hubieron de pasar abriéndose camino a tiros los soldados del Ejército franquista para poder avistar desde arriba las tierras de Castellón hace compadecer aún más a los protagonistas de una ofensiva militar que venía a sumarse a la de Teruel, incluso a otras en muchos de los casos. No era el de mi padre y Saturnino por suerte, pues por su edad llegaron tarde a la guerra, pero lo que pasarían por estos montes del Maestrazgo de Teruel los acompañaría ya siempre. Quizá no recordaran sus nombres, pero su aspereza sí, pues es difícil de olvidar y más en las circunstancias en las que ellos los conocieron. Incluso viajando en coche como yo ahora, impresiona la dureza de estas tierras, que por algo fueron refugio durante siglos de desterrados y fugitivos, desde el famoso Cid Campeador hasta el general carlista Cabrera (al que apodaron el Tigre del Maestrazgo por refugiarse aquí) y los maquis de la posguerra, cuya leyenda aún está presente en la zona. Lo comprobaré muy pronto, pues un letrero en la carretera señala un nombre: La Cerollera, en el que esta mañana ya reparé en la sede del palacio de Maynar, en Alcañiz. Entre los varios puntos de interés que se recomendaban en un cartel de la Comarca del Bajo Aragón uno se refería a los maquis y lo localizaba en este pueblo que el indicador de la carretera sitúa apenas a tres kilómetros. No es mi interés principal en este momento, pero conocer el lugar donde hubo una escuela de guerrilleros bien merece un desvío en mi camino. Y, además, ¿quién me asegura que mi padre no pasó por La Cerollera en el suyo hacia Castellón?

La Cerollera aparece pronto agarrada a la ladera de un vallejo cuyos bancales luchan contra los pinos que amenazan con invadirlo todo. Son apenas medio centenar de casas que se ven muy arregladas, al igual que las calles a las que se asoman, todas en cuesta, pues se lo exige el terreno. En una de ellas hay una furgoneta que pertenece a unos albañiles que están arreglando una casa, pero no se ve a nadie más a esta hora. Aunque en seguida me encuentro a un hombre que me saluda con amabilidad. Es el dueño de otra casa cuyo portalón abierto me ha llamado la atención por su limpieza y por el orden con el que está todo colocado en él. El hombre, que pasa aquí temporadas pero vive en Cataluña, donde ejerció como profesor de instituto hasta su jubilación, me invita a entrar al portalón en el que, me dice, pasa la mayor parte del tiempo. Cuando conoce el motivo de mi visita a su pueblo se congratula, ya que fue el promotor de la recuperación de los restos de los refugios de los guerrilleros y de su señalización para convertirlos en un reclamo turístico. Está orgulloso de ello, pero a la vez se lamenta de que los responsables actuales de mantener los refugios en buen estado no lo hagan. Desde el portalón me indica la dirección en la que se encuentran a la vez que me cuenta en qué momento aparecieron los guerrilleros por estos montes y las consecuencias que su llegada tuvo para La Cerollera:

—El general Pizarro, que fue el encargado de acabar con los guerrilleros, quemó media provincia hasta que lo consiguió. Lo peor es que, al mismo tiempo, acabó también con los masoveros, a los que obligó a vivir en los pueblos para que no pudieran servir de ayuda a los guerrilleros, lo que hizo que muchas masías quedaran abandonadas definitivamente.

—Eso pasó en muchos sitios... —le digo, porque conozco la historia.

—Sí, eso pasó en todo el Maestrazgo y en toda la provincia de Teruel —me responde el hombre mientras me muestra las balas y los restos de metralla que ha ido recogiendo por los montes de La Cerollera en sus excursiones—. Mire, esto lo encontré ayer. —Me enseña un peine lleno de balas.

—¿Son de los guerrilleros?

—No, de la guerra. Aquí hubo mucha batalla —me dice mirando las cumbres que se divisan desde el portalón y que se pierden en el horizonte.

—¿A la escuela de los guerrilleros es fácil llegar? —le pregunto.

—No —me responde el hombre—. Hay muchos cruces y no están bien indicados. Antes lo estaban, pero se han ido perdiendo los letreros y nadie se ocupa de reponerlos...

En el portalón la calma es total a esta hora del día. Hay un silencio que invita a la contemplación, pero yo persisto en la idea de ver la escuela de los guerrilleros, pues he conocido otra en el otro extremo de la provincia de Teruel y me impresionó. Quizá porque lo hice en compañía de dos viejos guerrilleros que la conocieron viva: Florián García *Grande* y su mujer, Remedios. Se lo cuento a mi anfitrión, que me mira con sorpresa.

—*Grande* estuvo aquí —me dice—. Y Pepito el Gafas —añade—. Pepito el Gafas fue el que creó la escuela de guerrilleros de La Cerollera...

El hombre me observa sin disimulo. Le sorprende que sepa tanto de los maquis de Teruel viniendo de tan lejos como vengo y por el motivo que le he contado, que poco tiene que ver con los guerrilleros. Se queda pensativo unos segundos y me dice:

—Espere, que voy a por mi coche y le llevo. Total, tampoco tengo nada que hacer...

Ángel Mora, como se identifica ya sentados en su coche, un todoterreno apto para circular por los caminos del monte por los que vamos a ir, se explaya mientras conduce; se ve que se debe de aburrir en este lugar perdido en mitad de ninguna parte. Porque La Cerollera (La Sorollera en catalán, que es el idioma que aquí se habla entre los vecinos) no es ya el Bajo Aragón pese a que pertenezca a esa comarca propiamente administrativa, pero tampoco es el Matarraña ni el Maestrazgo, las dos comarcas que se reparten el territorio de la zona suroriental de Teruel. Alejada y escondida entre pinares, no es de extrañar que fuera elegida por los guerrilleros venidos desde Francia con intención de continuar la lucha contra el franquismo para establecer su escuela de formación, un empeño en el que fracasarían pero que dejó gran huella entre los habitantes de un territorio que vio cómo su leyenda se agigantaba con los años a pesar de su derrota. Ángel Mora me lo cuenta mientras en su todoterreno pasamos frente a una masía en ruinas (una de las que hubo por estos montes, me dice, todas derruidas ya) y nos internamos por un camino cada vez más solitario, como el paisaje que nos rodea. Al final, después de media hora de viaje sin ver más que pinares y roquedas, llegamos a un lugar en el que detiene el coche y me invita a bajar de él. «A partir de aquí —me dice—, hay que seguir andando».

Los refugios de los maquis no tardan en aparecer. Son los restos de los muros de dos construcciones de piedra seca camufladas entre los pinos de la ladera del monte a cuyo pie Ángel detuvo su coche. Nos ayuda en la subida un pasamanos de pino medio caído que él y algunos vecinos pusieron a tal fin pero que nadie ha vuelto a cuidar.

E igual sucede con el que lleva hasta la denominada escuela de guerrilleros, que, como la que conocí en Tormón, al otro extremo de Teruel, no es más que un espacio oculto entre rocas en el que poder reunirse sin ser descubiertos todos los miembros de la guerrilla. Aunque, me dice Ángel, acabó siendo localizado por el Ejército. Incluso, según parece, los guerrilleros fueron sorprendidos cuando se encontraban dentro al fallar la vigilancia, muriendo en la refriega dos de ellos, que están enterrados en el cementerio de La Cerollera. El lugar, si no se sabe lo que fue, pasaría desapercibido, pero conociendo su historia produce una emoción extraña; una emoción que tiene que ver con ese halo de dramatismo que sobre los escenarios en los que se produjeron dejan los episodios sangrientos.

—Sí, hay algo especial aquí —me dice Ángel Mora contemplando el descampado que un día fue escuela de guerrilleros y que hoy no es más que un espacio escondido entre las rocas en el que crecen algunos pinos nuevos.

La vuelta a La Cerollera la hacemos casi sin hablar. La emoción que Ángel y yo hemos sentido en el viaje a la memoria y a la historia del país nos ha dejado sin palabras más allá de las necesarias para que el de vuelta a la aldea no se nos haga más largo de lo que ya es. La soledad del camino pesa en nuestros pensamientos, atravesados ahora por todo tipo de recuerdos. Es lo que ocurre cuando se toca la historia, da igual si personal o colectiva, algo que yo vengo haciendo desde que salí de León, a cientos de kilómetros de aquí.

—Tenga, un regalo —le digo a Ángel cuando nos despedimos después de volver al pueblo en el que él nació y en el que tantas historias oyó contar de los guerrilleros cuando era joven, como yo en los que viví y en los que también hubo hombres que lucharon contra la dictadura en las montañas durante años.

Es lo que cuento en el libro que le acabo de entregar.

—*Luna de lobos* —lee Ángel el título al cogerlo.

—Es sobre los guerrilleros —le digo subiéndome al coche.

—Buen viaje —me desea él sin sospechar que el autor del libro soy yo.

El puerto de Torre Miró

Monroyo, el siguiente pueblo después de La Cerollera, es ya un pueblo de montaña de verdad, es decir, un pueblo en el que las montañas lo determinan todo, desde el paisaje a la forma de vida de sus pobladores. La Cerollera aún era de medio monte, pero en Monroyo las cumbres tocan las nubes y desde su fortaleza se ven kilómetros de montañas, de Aragón y de Cataluña, que está ya cerca de aquí.

Por Monroyo pasaron a lo largo de la historia todos los que querían llegar a Morella y al mar desde el interior, entre ellos las divisiones franquistas que ocuparon Castellón y alcanzaron el mar Mediterráneo en Vinaroz partiendo en dos la zona republicana. Por eso, preguntar en Monroyo por la guerra es como abrir la caja de Pandora de la memoria de unos vecinos que han conocido y sufrido todas las guerras habidas y por haber, desde la de los romanos contra las tribus ibéricas aquí aposentadas hasta la última guerra civil española. Monroyo lo quemaron tantas veces que a sus vecinos los llaman *socarrats* los de los pueblos de alrededor, según me dijo una mujer a la que encontré al entrar en el pueblo, cerca de la fortaleza que lo corona.

Y es que Monroyo (*monte rojo* en catalán-aragonés) está en un sitio estratégico, en lo alto de una muela desde la que se domina el mundo o por lo menos el mundo del Matarraña y del Maestrazgo castellonense, las dos comarcas que se reparten el espigón del sistema Ibérico antes de caer al mar. Por eso, todos los que por aquí pasaron quisieron dominarlo y poseerlo, lo que dejó una huella de destrucción en el pueblo que aún se percibe a día de hoy. No sólo su fortaleza es una ruina completa, aunque una torre de iglesia con un reloj de pared siga marcando las horas de los monroyanos, sino que sus caserones de traza gótica y renacentista muestran las cicatrices de una accidentada historia que acentúa la despoblación de este tiempo que no sabe de glorias pretéritas. En mi paseo por el pueblo, la poca gente que me encontré no supo decirme a ciencia cierta cuántas veces lo quemaron y en qué época. Una señora me dijo que la última vez había sido en la Guerra Civil y otra que no, que había sido en las carlistas. Fuese cuando haya sido, lo que parece claro es que a Monroyo su condición de lugar fronterizo no siempre le benefició, al revés: fue también la causa de su desventura cuando la violencia llegó a estas montañas de la mano de hombres que poco o nada tenían que ver con ellas. Ocurrió en la guerra de Sucesión, cuando los partidarios del futuro rey Felipe V lo incendiaron por haber tomado partido por los austracistas y ocurrió en el siglo XIX, cuando, en las guerras carlistas, lo volvieron a quemar dos veces. En la guerra civil española, Monroyo sufriría también daños, si bien se salvó de ser incendiado por una vez en su historia.

—De que lo quemaran sí, pero de que lo bombardearan no. Lo bombardearon todos, los rojos y los azules —me dice un hombre mayor que recuerda cómo todos los vecinos se escondieron en los montes cuando iban a llegar los nacionales por miedo a lo que pudiera pasar. Y lo que pasó fue que hubo represalias y que una mujer casada fue asesinada por unos soldados moros al resistirse a ser violada por todos ellos—. ¿Ve usted ese edificio? —Me señala un caserón cerrado y lleno de desconchones que durante años fue el hostal de Monroyo, al parecer—. Ahí se instaló el general Camilo Alonso Vega cuando los nacionales tomaron el pueblo.

En la Posada de Guadalupe, en la carretera, los clientes del bar hablan de cosas más intrascendentes. En la terraza hay un grupo de ciclistas que han llegado hasta aquí pedaleando, lo que no sé es desde dónde, y dentro del bar una camarera atiende al resto de los clientes, que charlan entre ellos en la lengua de la zona, una mezcla de catalán valenciano y aragonés al que le dicen el *chapurriau*. Incluso la pizarra con la oferta de menús y bocadillos está escrita en esa lengua mestiza. Por la megafonía, en cambio, suena en perfecto castellano una canción de Amaral que la chica de la barra tararea mientras atiende a la clientela: «¡Sin ti no soy naaada!...». Qué mezcla de sentimientos y de sonidos, pienso escuchando a la gente de la Posada de Guadalupe mientras miro las fotografías que adornan las paredes, todas del Monroyo antiguo. Fiestas, partidos de fútbol, orquestas, celebraciones populares y fotos de familia forman un puzle de la memoria de este lugar cuya atormentada historia queda borrada detrás de ella, pues las personas tendemos a olvidar lo que no nos gusta. Que es lo mismo que sucede a esta hora de la tarde con la luz, cuyo dorado embellece los pueblos y las montañas que desde la terraza del bar se divisan a lo lejos y cuyos nombres buscaré en el mapa cuando regrese a mi coche después de tomar el café: Peñarroya, Fuentespalda, ¿quizá Beceite en lo más remoto?... El valle del río Tastavins, que se une al Matarraña en el fondo del gran circo montañoso que se abre enfrente de Monroyo, ya no recuerda las guerras que asolaron esta tierra a lo largo de su historia, de la última no hace tanto tiempo. Y ello a pesar de que por sus montañas las trincheras continúan atrayendo a los turistas, pues hay muchas, prueba de la dureza de los combates que por aquí libraron soldados como mi padre a los que nada se les había perdido tan lejos. Como a mí, pienso mientras conduzco de nuevo por la carretera nacional de Alcañiz a Castellón, que cada vez coge más altura pese a que sus grandes rectas y la presencia de masías, algunas con sus campos cultivados todavía, den la impresión de que no es así.

Pero lo es. El puerto de Torre Miró, ese que en las noticias, en el invierno, aparece a menudo cerrado por la nieve a pesar de estar ya cerca del mar, supera los mil doscientos metros de altura y, como él, todos los pasos de estas montañas en las que se siente ya el olor del salitre, que el viento mezcla con el de los pinos y de los pastos de las dos aldeas que aún encontraré por estas alturas: Torre de Arcas, perteneciente todavía a la provincia de Teruel, y La Puebla de Alcolea, que ya es de Castellón. Aunque cerca, las dos quedan apartadas de la ruta, por lo que decido no entrar a visitarlas pese a que seguramente sus vecinos me contarían muchas historias de lo que sucedió en la Guerra Civil por estos parajes, pues fueron la última línea de resistencia de los republicanos ante la ofensiva de los nacionales antes de retirarse hacia Castellón. Lo cuentan en el relato que de los combates que aquí se libraron ha hecho un grupo de profesores en un blog de historia del Bajo Aragón que leo mientras contemplo desde mi coche este apacible paisaje que me cuesta imaginar lleno de gritos y de explosiones de bombas de artillería y de las de los aviones pasando a baja altura aunque sepa que fue lo que sucedió: «Los republicanos habían reforzado los accesos a La Puebla con trincheras de hormigón y varias líneas con nidos de ametralladoras para proteger el camino de Morella. En la madrugada del día 3 de abril las trincheras fueron sometidas a un fuerte bombardeo de 23 baterías de artillería. Varias escuadrillas de aviones italianos atacaron desde el aire las líneas fortificadas y sus filas secundarias. Como consecuencia del bombardeo se formó una gran columna de humo que nubló el horizonte durante más de media hora. A las 9 de la mañana la 4.ª de Navarra inició el ataque por tierra asaltando el bastión de La Puebla, cuyo caserío quedó totalmente destruido. Sobrepasada La Puebla, hubo alguna resistencia en Torremiró. Se produjo una desbandada de soldados fugitivos y, al día siguiente, los nacionales entraron en Morella prácticamente sin resistencia...».

Hoy, 13 de junio de 2024, fiesta de San Antonio, el paisaje que contemplo es, no obstante, tan pacífico que no apetece seguir camino y sí esperar aquí la llegada de la noche, como harán esas vacas que pastan junto a la carretera indiferentes a mi presencia y al paso de los camiones y de los coches y que son las únicas dueñas de estas praderas que la proximidad del Mediterráneo llena de una humedad transparente que al contacto con los pinos se vuelve verde como el paisaje. Tras él, las cumbres del Matarraña y del Maestrazgo castellonense se alzan contra las nubes sobre la bruma y la cadencia de los aerogeneradores mientras mi pensamiento las sobrevuela en busca de los fantasmas de dos soldados que por aquí pasaron hace ya ochenta y seis años portando una radio militar en medio de la locura y el frenesí que el odio entremezclado con el miedo desataba entre los combatientes. ¿Cómo lo vivirían ellos siendo tan jóvenes y cómo contemplarían estas montañas que les recordarían a las de su tierra agrandando su nostalgia y su temor a no poder regresar a ellas? A estas alturas de su viaje aún no sabían si alguna vez se terminaría y cómo.

Noche en Morella

Camino de Morella mi padre y Saturnino aún no sabían cuándo se terminaría su viaje, pero para muchos soldados como ellos el suyo se había terminado ya. Por las laderas de Torre Miró, como por las montañas de toda la zona, cientos de combatientes yacían muertos en las trincheras o entre los pinos mientras que los que continuaban con vida huían en dirección a Morella perseguidos por la aviación enemiga. Hoy, tantos años después, cuesta imaginarlo incluso a la vista de la tranquilidad de esta carretera por la que sólo pasan camiones y coches y sobre la que únicamente se ven nubes en el cielo, ningún avión que rompa la paz.

Hasta Morella el camino continúa igual, con la provincia de Castellón desplegándose abajo, en la lejanía, como si fuera un gran mapa en relieve, acompañado sólo por aerogeneradores que baten el viento y por alguna pequeña masía cuyos bancales no se cultivan desde ya hace tiempo. De vez en cuando, también, un sendero se separa y se pierde en la montaña, pero fuera de eso no hay ninguna señal de vida más. El descenso hacia Morella, así, lo hago sin apenas notarlo hasta que de repente, por mi derecha, una sucesión de arcos me anuncia que estoy ya cerca de la villa. Como leeré después, es lo que resta del acueducto de piedra que desde el siglo XIV suministra agua a sus vecinos, si bien desde hace años va canalizada ya por un tubo oculto dentro de la construcción.

La siguiente señal de que estoy llegando a Morella es la visión de una fortaleza cuyos muros parecen pintados en el cielo de tan altos. Sobre la inalcanzable muela en la que se asienta (comparada con ella, la de Monroyo es una simple roca), el castillo morellano tiene algo de torre de Babel, puesto que de él descienden las murallas que rodean el perímetro del pueblo cerrándolo por completo, tanto que al llegar a él dudo si podré cruzarlo, pues la puerta de acceso no se ve hasta tenerla prácticamente encima. Las murallas son tan fuertes que se entiende que aquí se escondiera el Cid, cuya leyenda sigue vigente en Morella, como demuestra el nombre del hotel al que llego aconsejado por un matrimonio. En realidad me lo aconsejaron para poder aparcar el coche, pues delante del hotel la calle se ensancha un poco, pero yo decido aparcar mis huesos también en una de sus habitaciones. ¿Para qué andar buscando otro hotel si ya he encontrado uno?

—Le doy la llave de la puerta porque por la noche se cierra y no queda nadie aquí —me dice la mujer rumana que atiende la recepción.

—¿Y en el bar? —le digo, por el del hotel.

—Tampoco. Cierra a las nueve también.

Así que soy dueño del hotel El Cid o por lo menos tanto como los demás huéspedes, si es que los hay. Porque por los pasillos apenas se ve a nadie y lo mismo sucede alrededor del hotel. Las calles de Morella, que corren horizontales como si fueran bancales abiertos en la montaña, se comunican unas con otras por escaleras por las que hay que subir para llegar al centro del pueblo, o a lo más alto de éste, si uno quiere ir hasta el castillo. Como una torre de Babel, el pueblo, construido entero con piedra de la región, parece estar tallado en la montaña al igual que la fortaleza que lo alumbró, que desde abajo semeja una gran corona.

La calle principal, a la que llego después de subir un número de escaleras cuya cuenta perdí al poco de empezarla, es más ancha que las otras y tiene unos soportales por ambos lados a los que abren sus puertas distintos negocios, pero no parece muy animada tampoco. Los bares están vacíos y tan sólo algunos jóvenes disfrutan sentados en las terrazas de la temperatura primaveral que hay esta tarde en Morella. Porque aquí el frío es lo más habitual. Me lo dice un vecino de mi edad al que encuentro camino de su casa.

—Sí, aquí hace frío normalmente. Estamos en la sierra —me recuerda.

—De donde vengo yo también hace mucho frío —le digo por solidarizarme con él, aunque no lo necesita. Al hombre el frío le gusta, dice.

El hombre, que habla castellano con dificultad, se llama Ismael. Me saca cuatro años y me cuenta que su padre, que nació el mismo año que el mío, fue pastor en diversas masías de Morella, de las que llegó a haber cerca de trescientas, hasta que tuvo que ir a la guerra también, en su caso movilizado por el Ejército Popular. Me lo cuenta en respuesta a mi confesión de por qué yo he venido a Morella.

—Lo que no le perdono a mi padre fue que al final de la guerra se cambió de bando para salvar la vida —me dice.

—Mi padre hizo la guerra con Franco —le digo yo, por si le sirve de consuelo.

—Yo es que soy de izquierdas, lo siento —me responde Ismael dando por hecho, se ve, que yo soy de derechas, puesto que mi padre luchó con los franquistas.

—No todos los que hicieron la guerra con Franco eran de derechas —le contradigo—. Ni los que la hicieron con la República eran de izquierdas todos. Muchos no eran de ningún bando, lucharon en el que les tocó.

—Puede ser —me dice el hombre, que no parece a gusto con la conversación. De hecho, la corta abruptamente, como si de repente le hubiera entrado prisa por llegar a su casa a cenar—. Lo siento, tengo que irme —se despide echando a andar calle arriba.

—Hasta luego —le respondo mirando cómo se aleja.

Para mí todavía es pronto para cenar, así que acabo de recorrer la calle, en cuyos soportales la noche ha comenzado a caer. Hoy es uno de los días del año en los que más tarde se va la luz, lo que confunde a los turistas como yo, que pensamos que aún no es hora de cenar. Pero lo es. De hecho, en los pocos restaurantes que hay abiertos los camareros muestran ya su impaciencia, pues están deseando acabar la jornada para irse. En el que me siento soy el único cliente aparte de una pareja que ha preferido cenar dentro del local por el frío.

—¿Frío?... Pero si hace una noche estupenda... —le digo al camarero que me atiende en la terraza, un chico jovencísimo que se ve que no es un profesional del gremio. Seguramente estará estudiando y trabajará aquí en verano para ganarse un pequeño sueldo.

—Ya, pero hay gente que en seguida tiene frío —me responde.

El restaurante cierra detrás de mí y yo desando la calle hasta su comienzo, que es la puerta por la que accedí al llegar a Morella, una puerta, igual que todas, que se podría cerrar y dejar el pueblo aislado del exterior como en los tiempos del Cid o de las guerras carlistas. O de la Guerra Civil, cuando los republicanos se refugiaron aquí huyendo de los franquistas, aunque no les sirvió de mucho. Su resistencia apenas duró veinticuatro horas, tras las cuales la plaza cayó en poder del Ejército nacional.

¿Qué harían mi padre y Saturnino en Morella en el tiempo que estuvieron en el pueblo antes de que les ordenaran seguir hacia Castellón? ¿Pasearían por estas calles por las que yo vago ahora embriagado por su belleza y su soledad? ¿Se detendrían igual que yo cada pocos pasos para mirar arriba el castillo pese a que no estaría iluminado como esta noche, al revés: la oscuridad lo protegería de los bombardeos? Si mis cálculos no fallan, mi padre y Saturnino llegaron a Morella un día de primavera también y todo el pueblo olería a hierbas de la montaña, que es a lo que huele esta noche además de a las flores de los jardines y de los tiestos que cuelgan de los balcones de algunas casas, que perfuman la brisa levemente. No es de extrañar que algunos turistas que han llegado hasta Morella en busca de estos rincones que lo sitúan entre los pueblos más bellos de la península vaguen por sus callejas como hago yo demorando su regreso a los hoteles en los que dormirán esta noche, algo que mi padre y Saturnino no pudieron hacer seguro, pues el pueblo estaba en guerra y hasta sería peligroso caminar por él. Justo todo lo contrario de lo que me pasa a mí, que nada me preocupa ni me inquieta mientras deambulo por estas calles respirando el olor de la serranía y la paz de una noche que ni siquiera el recuerdo de la guerra y la silueta iluminada del castillo en lo más alto perturban, porque todo está en calma en Morella.

Soldados y motoristas

La mañana amanece espléndida y veraniega. Falta aún una semana para que el verano empiece de modo oficial, pero Morella luce como si ya lo fuera animada por los visitantes que hoy llenan las calles que anoche estaban casi desiertas. Se ve que el turismo aquí es un turismo de veinticuatro horas, gente que llega por la mañana y por la tarde se va.

Un ejemplo de ello es la comitiva de motoristas que de repente rompe el silencio del pueblo haciendo sonar los cláxones y los tubos de escape a la vez como si el vecindario tuviera que alegrarse de su llegada y salir a la calle a mirar su desfile. Son de una peña de Harley-Davidson de Castellón que recorren la sierra con sus motos y sus indumentarias y *atrezzo* característicos, propios de la secta laica a la que pertenecen: cazadoras de cuero, coletas, chapas de publicidad, insignias... Y algo común en ella también: la edad media de sus miembros, que no baja de los sesenta años. Con sus barbas blancas y sus barrigas, muchos están más cerca de la figura de Papá Noel que de los hombres duros que se pretenden. Y ellas igual. A pesar de sus cazadoras de cuero y sus pañuelos al cuello, la mayoría son ya abuelas bondadosas, sobre todo cuando se bajan de las motos y entran en los comercios de Morella a fisgonear antes de ir a sentarse en los bares, cuyas terrazas ocupan prácticamente enteras.

En la tienda de Carlos Ferrer, que aspira a ser librería pero que no llega a serlo del todo pese a que vende libros junto con los periódicos y otros productos diversos, la calma es la misma de todas las mañanas, con los clientes habituales comprando la prensa y entablando conversación con el dueño sobre los últimos acontecimientos locales y las noticias del día. La principal de hoy, la llegada de esos motoristas que han invadido el pueblo desde primera hora.

—¿Sobre la Guerra Civil en Morella tiene algo en castellano? —le pregunto a Carlos Ferrer señalándole los libros que se exponen a la entrada, la mayoría de ellos escritos en catalán.

El hombre los revisa, pero no encuentra ninguno en castellano. Hay uno con un título atractivo: *Morella: memoria d'un temps, records d'una guerra*, de un tal Manel Domínguez Pallarès, pero dudo que pueda leerlo. Carlos Ferrer me dice que casi todo lo que se publica sobre Morella y la zona, sea sobre la Guerra Civil o sobre cualquier otro tema, está escrito en catalán porque es la lengua que habla el público interesado en esos libros. Por lo demás y tras revelarle yo el motivo de mi interés por la Guerra Civil en la zona, me cuenta que su abuelo luchó con los republicanos y que murió en Fuentes de Ebro en el famoso ataque en que se estrenaron los tanques soviéticos que tan mal acabó para ellos. El problema, me cuenta Carlos Ferrer, es que los tanques iban tan deprisa que los soldados que los seguían a pie se quedaron rezagados, con lo que los nacionales los atacaron con granadas y con bombas incendiarias por detrás, por donde no tenían defensa.

—Hace dos días pasé por Fuentes de Ebro —le digo yo— y me contaron esa historia.

—Pues allí murió mi abuelo —me dice Carlos Ferrer yendo a atender a un cliente que ha entrado a comprar el periódico—. En Morella los republicanos resistieron poco —prosigue cuando vuelve, se ve que le gusta la conversación—. Esperaban que los nacionales los atacasen desde el Ebro y tenían los cañones apuntando hacia allí, pero los nacionales entraron desde Teruel por los puertos, por lo que apenas pudieron defenderse y se retiraron hacia Castellón... Aunque hay un suceso muy famoso del que quizá le hablase su padre —cambia de tema Carlos Ferrer sin dejar la Guerra Civil—. Una bandera de requetés que estaba acampada a las afueras de Morella fue bombardeada por la Legión Cóndor, muriendo un centenar de soldados en el ataque. Están enterrados en el cementerio en una fosa común sin nada que los identifique, porque, como murieron a causa del fuego amigo, como se le dice, los alemanes y las autoridades franquistas lo silenciaron.

—Como el bombardeo de Alcañiz —le digo.

—Ése fue distinto. Ése fue premeditado. Y fueron los italianos los que lo hicieron, no la Legión Cóndor —me responde Carlos Ferrer, que se ve que también conoce esa historia.

Con un libro sobre el maquis en la zona de Morella y la recomendación de que visite el cementerio antes de irme, pues en él hay muchos muertos de la guerra, abandono la Imprenta Ferrer (así consta en el letrero de la puerta) para seguir mi paseo por el pueblo, que ayer sólo pude ver de noche. Subo a la iglesia de Santa María, una basílica gótica (la mejor del Mediterráneo según la publicidad) que guarda una mujer rumana como la del hotel El Cid y que tiene una escalera enroscada a una columna y un gran retablo churrigueresco que merecen por sí solos la visita, pero al castillo no llego. Hay que subir demasiado aún. A cambio, en mi callejear sin rumbo, encuentro en un edificio unos azulejos que relatan el espectacular milagro que protagonizó en su visita a Morella san Vicente Ferrer. Según cuentan los azulejos, una morellana loca descuartizó y guisó a su hijo pequeño para ofrecérselo al santo para comer, pero éste resucitó al niño y se lo devolvió vivo a la madre con la única falta del dedo que ella había comido al probar el guiso mientras lo hacía. El panel de azulejos cita la fecha en la que tal suceso ocurrió, que fue el año 1414, y asegura que fue en la casa en la que se expone, que es conocida por ello, al igual que la calle, como la del Miracle.

—Es increíble que la gente creyera esas cosas —comenta uno de los turistas que se han parado a mirar los azulejos junto a mí.

—Esa y otras peores —dice otro mirándome de reojo para ver si yo opino algo.

Pero yo no opino nada. A mí todo me parece bien mientras la gente se entretenga y no haga daño, como tampoco opino de los motoristas que ahora pasan en motos de tres ruedas por la calle principal ante la curiosidad de los peatones, incluidos sus compañeros los de las motos tradicionales, que siguen en las terrazas bebiendo cerveza y tomando el sol. Comparada con su soledad de anoche, Morella está animadísima gracias a los motoristas.

Donde no hay ningún visitante es en el cementerio. Lo encuentro fuera de la muralla, al final de un camino de tierra que se pierde en el campo entre cipreses, lo que le da al paisaje un aire toscano. Junto a la puerta sólo hay aparcado un coche, pero se oye hablar a gente, así que entro sin prevención. El cementerio es grande y tiene forma de cruz latina y acoge muchas sepulturas. Aunque sorprende una gran extensión sin tumbas. Está al fondo a la derecha y sólo hay cruces desperdigadas sobre la tierra, todas ya muy antiguas y sin ningún nombre que las identifique. En cambio, dos lápidas de mármol cerca de ellas, las dos colocadas en vertical en el suelo, muestran los nombres y las fotografías de dos soldados republicanos, uno de Amposta y otro de Sant Jaume d'Enveja, en la vecina provincia de Tarragona, muertos en 1938 «defendiendo la democracia y la libertad», según sus familias, que son las que las han puesto. El soldado de Amposta se llamaba Ramón Argentó Pedrol y tenía veinte años, mientras que el de Sant Jaume d'Enveja debía de tener una edad parecida a juzgar por su fotografía, y respondía al nombre de Josep Fumadó Llorach. Junto a la fotografía su familia ha querido que grabara el marmolista una trompeta, pues era aficionado a la música. ¡Qué paradoja!, pienso mirando las lápidas y las cruces de piedra sin nombres que se reparten el trozo de cementerio donde están enterrados los soldados de ambos bandos que murieron en Morella. Y pienso también que mi padre y Saturnino podían estar ahí, bajo la hierba seca de esta parcela sin tumbas, si no hubieran tenido la suerte que les faltó a los otros. Al final todo es cuestión de suerte lo mismo en la guerra que en la paz.

—¿Los muertos no protestan? —les pregunto a los albañiles que hablan a voces mientras trabajan arreglando unos nichos cerca de donde yo estoy.

—No dicen nada —me responden ellos con una sonrisa.

Y mejor que no protesten, pienso, puesto que, de hacerlo, protestarían no del ruido que hacen los albañiles al trabajar sino de su mala suerte, comenzando por la época que eligieron para nacer. O, mejor, la que eligieron sus padres para engendrarlos, ignorantes de lo que se avecinaba.

Así que, en su recuerdo, fuera ya del cementerio, me tomo unas cerezas y un flaó, el dulce típico de Morella, hecho con licor y almendra, según me explicó la vendedora, que compré antes de salir del pueblo, mientras contemplo el paisaje que me rodea, tan silencioso y en paz como el cementerio. Frente a mí, la silueta de Morella con sus murallas infranqueables y su castillo en lo alto, sobre el caserío, como una corona parece una postal esta mañana con el sol iluminando sus tejados, que brillan como los pinos de las montañas de alrededor.

Camino de Castellón

De Morella a Castellón hay más caminos para elegir que para llegar de Alcañiz a Morella. Uno, el principal, se acerca a la costa, pero hay otros que cruzan el Maestrazgo directamente y que deben de ser más difíciles. Mi problema, sin embargo, es saber por cuál de ellos irían mi padre y sus compañeros, puesto que Saturnino no consiguió recordarlo por más que yo le insistí para que hiciera memoria. Es natural: en la guerra uno está más pendiente de conservar la vida que de saber por dónde camina o cómo se llaman los pueblos por los que pasa. Pero, dado que el mar lo vieron mi padre y él por primera vez en el Grao de Castellón, algo que no olvidarían jamás, es evidente que no fueron por la costa y sí por el interior de una provincia que debía de arder en aquellos días en una batalla casi general. Pero por el interior hay varios caminos. Uno, el más corto, es el de Ares del Maestrazgo, el pueblo que sufrió, como varios de sus vecinos, un bombardeo de la Legión Cóndor, éste premeditado y sin justificación ninguna, pues no tenía mayor interés estratégico (hay quien sostiene que el bombardeo de esos lugares lo ordenaron los generales nazis para probar su maquinaria bélica con vistas a la gran guerra que estaba a punto de comenzar en Europa), y otro el que, pasando por Catí, enlaza con el primero después del puerto de Querol evitando de ese modo las ásperas sierras del Maestrazgo. Aún hay un tercer camino y es por el que mi intuición me dice que fueron mi padre y Saturnino junto a sus compañeros de regimiento: el que a la altura de Chert desciende en línea recta hacia Castellón por la penillanura que separa el Maestrazgo de la costa. ¿Por qué creo yo que fue ése y no alguno de los otros? Pues porque Saturnino los recordaría, ya fuera por su dificultad —en el caso de los primeros—, ya fuera por ver el mar, en el de la costa (cuando mi padre y Saturnino salieron de Morella, las tropas de Camilo Alonso Vega ya habían llegado al Mediterráneo, por lo que la carretera hacia Vinaroz estaba bajo su control).

Hoy, por esa carretera por fortuna sólo circulan camiones civiles que durante muchos tramos me obligan a marchar en caravana por las curvas, pero que no ofrecen otro peligro que ése, y los montes que atraviesa están tranquilos, sin nadie que amenace nuestra marcha desde ellos como les sucedería a las tropas de Camilo Alonso Vega en su avance hacia Vinaroz. Tanto éstas como en las que iba mi padre debieron de detenerse en el santuario de Vallivana, a veinte kilómetros de Morella, que acabarían de abandonar los republicanos, así que yo hago lo mismo que ellos aunque lleve solamente quince minutos conduciendo. El lugar merece la pena. No sólo por la iglesia en la que se venera a la patrona de Morella y su comarca, sino también por las construcciones que la rodean, la mayoría de ellas abandonadas desde hace tiempo a lo que se ve. Salvo un bar que hay pegado al santuario y que ocupa la antigua hospedería, todo el poblado parece vacío, incluida la casa forestal de enfrente. En el bar apenas hay dos clientes, dos camioneros extranjeros, además del que lo atiende, que también es de fuera, por el acento, y la iglesia está vacía, aunque un cartel dice que hay un santero o santera que vive allí. Por lo demás, la iglesia está fresca y en penumbra, cosa que se agradece con el calor que hace hoy. A la hora que es, además, me conformo con ese frescor y no llamo a la puerta del santero, que seguramente estará comiendo y me lo agradecerá, para que me cuente la historia del santuario, que es parecida a la de todos por lo que leo en mi guía antes de volver al coche: si bien la leyenda dice que la imagen de la Virgen de Vallivana fue traída desde Tierra Santa por el apóstol Santiago en su viaje a Valencia, la tradición popular sostiene que fue encontrada en el siglo XIII por el típico pastor en una cueva en la que alguien la habría ocultado a la llegada de los árabes a la península y que desde aquel día se venera en este lugar que se ha convertido gracias a ella en el corazón religioso de la comarca de Morella, tanto que por aquí han pasado personajes históricos como el rey Fernando de Antequera o el Papa Luna, sin faltar san Vicente Ferrer, que durmió en la hospedería aunque no conste ningún milagro realizado aquí por él. El milagro seguramente sea, pienso mirando la iglesia, que durante la estancia en el santuario de los republicanos no sufriera daños de relevancia ni expolios, como sucediera en otros, y que la talla gótica de la Virgen de Vallivana siga pudiendo ofrecer su belleza y su amparo a los morellanos, que la celebran cada seis años en unas famosas fiestas que se conocen como del Sexenio y que, por lo que vi en los carteles que engalanaban las calles de Morella, recuerdan a las del Palio de Siena por los vestidos de los bailarines. Y es que precisamente este año coincide la celebración.

En Chert, a otros quince minutos en coche de Vallivana, tomo el desvío de Castellón y dejo que los camiones que van hacia Vinaroz y hacia Cataluña se alejen evocando la imagen de un ejército que avanza por las colinas como aquel que llegó al Mediterráneo en vísperas de que mi padre pasara por estos pueblos hoy tan pacíficos que cuesta imaginarlos llenos del humo y del ruido de las explosiones de los combates que se libraban en ellos por aquellos días. Chert, por ejemplo, que en la Guerra Civil sufrió numerosos daños como todos los pueblos de la provincia de Castellón, hoy es un lugar tranquilo en el que los viajeros se detienen a comer o a repostar y lo mismo sucede en San Mateo, cuyos llanos conocieron encarnizados combates y bombardeos y que hoy parece un pueblo dormido, tal es la tranquilidad de sus calles. Es normal. A la hora a la que llego, los habitantes de San Mateo duermen la siesta en su mayoría. Las excepciones están en su espectacular iglesia gótica, que un grupo de personas limpia para la misa de este domingo, supongo, y en la plaza Mayor, bajo cuyos soportales se dan cita los pocos vecinos de San Mateo que no duermen a esta hora. Una de ellas, la rumana (en estos pueblos de Castellón todos los que trabajan son extranjeros, por lo que se ve) que me sirve un café en la terraza en la que juegan a las cartas cuatro vecinos del pueblo. Con el calor que hace ahora, la sombra de la terraza del bar Moderno es una bendición. Aunque aún se está mejor en la oficina de turismo, con la que me topo al regresar al coche y cuyo responsable disfruta de un aire acondicionado que los turistas se pierden porque no los hay. «Vienen pocos, la verdad —me reconoce el chico mientras me enseña un horno que hay dentro de la oficina y que, al parecer, tiene seiscientos años de antigüedad—. Y en el caben —me dice— entre veinte y treinta personas, tales son sus dimensiones».

La Salzadella, que es el siguiente pueblo camino de Castellón, se anuncia en grandes carteles como el «Paraíso de las cerezas» y debe de serlo aunque no puedo comprobarlo. Las tiendas están cerradas y los cerezos, a estas alturas del mes de junio y en esta latitud, posiblemente ya han sido cosechados todos. Pero aún me quedan cerezas de las que compré en Morella y en honor a La Salzadella y a sus vecinos me tomo otro puñado sentado en un jardín mientras recito la letra de la célebre canción que cada año, al llegar esta época, me gusta recordar: «Cuando llegue el tiempo de las cerezas, / el alegre ruiseñor y el mirlo burlón estarán de fiesta, / las mujeres hermosas tendrán la locura en la cabeza / y los enamorados sol en el corazón...». El que fuera himno de los revolucionarios de la Comuna de París, la canción que, según la leyenda, un soldado le cantó a una enfermera antes de morir, termina afirmando que el tiempo de las cerezas es corto, «pendientes de coral que se cortan soñando», y que por eso hay que aprovecharlo como hay que aprovechar la juventud. Un consejo que a mi padre, como a tantos españoles a los que la guerra se la robó, le habría gustado cumplir pero no pudo hacerlo, ocupado como estaba en sobrevivir a las circunstancias por las que le tocó pasar y que le dejarían marcado para toda la vida. Por aquí, por estos pueblos y estas colinas de la provincia de Castellón que hoy me reciben llenos de paz y tranquilidad pero cuyos nombres suenan a Guerra Civil porque también a ellos los marcaría para siempre: Tírig, Albocácer, Cuevas de Vinromá... De Tírig, que queda a la derecha de la carretera frente a La Salzadella, la historia dice que fue tomado por los franquistas después de cruentos combates el 18 de abril de 1938, es decir, apenas tres días más tarde de que el general Camilo Alonso Vega se santiguara con agua del mar Mediterráneo en Vinaroz emulando lo que Cristóbal Colón hizo al llegar a América, y en Albocácer, que queda más al sur, aún recuerdan los bombardeos de la Legión Cóndor alemana que le costaron la vida a varios de sus vecinos. Aunque es en Cuevas de Vinromá, el pueblo que me encuentro siguiendo hacia Castellón, donde las huellas de la Guerra Civil están más presentes, no en vano fue el centro de la resistencia republicana que detuvo el avance de los nacionales durante un mes mientras los militares de la República intentaban organizar la defensa de Castellón y fortificaban a marchas forzadas la sierra de Espadán, la última barrera montañosa antes de Valencia. La famosa cota trescientos, un promontorio cercano al pueblo, pasó a la historia por los encarnizados combates que en ella tuvieron lugar y que dejaron el paisaje lleno de cicatrices en forma de trincheras y de metralla de todo tipo que todavía hoy sigue apareciendo entre los matorrales y piedras quemadas de la colina. Aunque hoy los vecinos de Cuevas de Vinromá, que entonces fueron desalojados del pueblo ante la proximidad del frente, están más preocupados por una nueva guerra que se ha cernido sobre ellos y que ha hecho que muchas casas estén llenas de pancartas, comenzando por el ayuntamiento.

—¿Qué es MAGDA? —le pregunto a un hombre mayor que está asomado al balcón del que cuelga una de esas pancartas de protesta.

—Es una planta solar que quieren poner aquí y que acabaría con todo el campo —me contesta con un acento valenciano tan cerrado que me cuesta casi entenderlo. Mientras más desciendo hacia Castellón más cerrado es el acento de la gente.

—¿En las tierras de cultivo? —le pregunto.

—En todas —responde el hombre—. Dese cuenta de que hablan de doscientas sesenta mil placas solares... Llenarían todo el terreno desde Castellón a Morella —enfatiza.

Pues sí. Si es como asegura el hombre, el proyecto es tan gigantesco que media provincia de Castellón se convertiría en un gran espejo bajo el que no crecería nada. Y sobre él mucho menos. Los olivos y almendros que desde la antigüedad crecen en estos terrenos a los que la humedad del

Mediterráneo ayuda a soportar el calor del sol y las montañas del Maestrazgo protegen del viento y del frío de Teruel desaparecerían de un paisaje que se convertiría en otro muy diferente. Y como a los olivos y almendros les pasaría a todas esas granjas, la mayoría de cerdos por el olor que desprenden, que salpican una tierra tan antigua como pobre pero de la que viven, como sus antepasados, todos estos vecinos de Cuevas de Vinromá que me cruzo por sus calles esta tarde y que alcanzan los dos mil, según el censo. Son los hijos y los nietos de aquellos a los que que la Guerra Civil expulsó del pueblo pero que volvieron cuando pasó de largo y reconstruyeron sus casas y sus vidas como todos, incluidos los soldados a los que les tocó vivirla y hacerla. Muchos de ellos, entre los republicanos principalmente, adolescentes de apenas diecisiete años o padres de familia de más de cuarenta (los de «la quinta del biberón» y los de «la del saco», como se los bautizó) movilizados a última hora ante las numerosas bajas habidas en dos años de guerra y que por estos campos de Castellón, los campos de almendros de Max Aub, tuvieron su bautismo de fuego como mi padre y Saturnino en el frente de Teruel. En honor de unos y otros, mientras callejeo por Cuevas de Vinromá y, al final de mi paseo, sentado en el lavadero de piedra que se conserva a las afueras del pueblo y en el que me refugio del sol, repito en alta voz (para las dos palomas que me acompañan, los únicos seres vivos que parece haber por aquí) los versos del poema de Clément que se convirtió en el himno de la Comuna de París:

«Por siempre amaré el tiempo / de las cerezas. / De aquel tiempo guardo en el corazón / una herida abierta. / Y aunque se me ofreciera la diosa Fortuna, / jamás podría calmar mi dolor. / Por siempre amaré el tiempo de las cerezas / y el recuerdo que guardo en el corazón». Porque el tiempo de las cerezas, que es el que yo estoy viviendo ahora, es el de la felicidad, tan breve.

La piedra roja de Villafamés

Cabanes es el último pueblo grande antes de Castellón, pero antes de Cabanes están la Torre d'en Doménech y Benlloch y antes el aeropuerto de Castellón, aunque no se vea desde la carretera, que a dos o tres kilómetros de Cabanes se ha convertido en autovía. Desde aquí hasta Castellón apenas son ya veinte minutos en coche.

En la Torre d'en Doménech y en Benlloch no entré (en la distancia no me parecieron distintos de Cuevas de Vinromá y de los anteriores pueblos), como tampoco lo hice en Villanueva de Alcolea, que queda al otro lado, en dirección al mar, pero al llegar a Cabanes leo lo que hay escrito sobre esos pueblos no vaya a ser que me equivocase al pasar de largo. Del primero, la Torre d'en Doménech, la historia dice que surgió de una torre medieval que ya no existe, como tampoco existen las viñas que sus vecinos cuidaron y cultivaron durante siglos, sustituidas hoy por olivos y almendros, y de Benlloch, que por su término pasa la Vía Augusta, la calzada romana más larga de la península ibérica, que llegaba desde los Pirineos a Cádiz siguiendo la costa mediterránea. De Villanueva de Alcolea, que es más grande al parecer, además de decir que sufrió numerosos destrozos en la Guerra Civil como los demás, se señala que su iglesia vio cómo desaparecía el retablo mayor, forrado entero con papel de oro.

En Cabanes la guerra no fue tan destructiva, aunque sí se recuerda la muerte de una vecina en un bombardeo, una chica de dieciséis años que estaba lavando ropa en el lavadero junto con otras mujeres y que, en lugar de quedarse en él como las demás, se asustó y corrió hacia su casa y murió reventada por la explosión de una bomba. En el mismo bombardeo se derrumbó también parte del ayuntamiento, un edificio de estilo gótico levantino alzado frente a la iglesia, otra construcción antigua que las consecuencias de la guerra las sufrió en su interior, pues todas sus imágenes son nuevas, prueba de que las originales fueron robadas o destruidas. Las que hay ahora contemplan en silencio mi llegada y a la docena escasa de mujeres que asisten a la misa que oficia en una capilla el párroco de Cabanes, un hombre calvo al que vi salir de su casa frente a la iglesia hace unos minutos. Cuando termina, me confirma que, en efecto, todas las tallas que había en el templo desaparecieron en la guerra teniendo que ser sustituidas después de ésta por otras nuevas, como pasó en tantas iglesias de la diócesis y en otras que quedaron en territorio republicano durante toda o parte de la contienda civil.

—Así fue —me dice el párroco de Cabanes sin manifestar su opinión personal sobre el tema al no saber cuál será la mía. Que es la suya, por lo que doy por hecho.

—¿Cabanes pertenece a Tortosa o a Segorbe? —le pregunto sabedor de que la diócesis de Tortosa, que se extiende por parte de la provincia de Castellón, fue la que mayor número de sacerdotes vio morir asesinados en la guerra: cerca del medio millar.

—No. Antes pertenecíamos a Tortosa, pero ahora somos de Segorbe —me contesta el hombre sin saber por qué le pregunto eso.

De Cabanes a la Puebla Tornesa apenas hay un suspiro en coche. Y menos desde que han hecho autovía la carretera de Castellón. El paisaje, ya en la Plana que da nombre a esta ciudad, se hace más suave y casi marino, pues el mar está cerca en línea recta. Lo separa el desierto de las Palmas, unas montañas llenas de vegetación, últimas estribaciones de la cordillera Ibérica, que por el otro lado caen prácticamente en el mar. Por eso, se nota ya su olor, la humedad que suaviza la tarde de junio ayudada por las sombras de los plátanos que bordean la carretera que atraviesa la Puebla Tornesa y que me lleva a Villafamés, un pueblo cuya visita me recomendó el funcionario de la oficina de turismo de San Mateo por su singular color, producto al parecer de la piedra con la que fue construido, que es el rodeno de la montaña sobre la que se levanta. Merezca la pena o no la visita, la recomendación del chico de la oficina de turismo de San Mateo junto con la sospecha de que por Villafamés quizá pasó mi padre también (en el avance hacia Castellón, las tropas del general Aranda, con las que se supone iba, hicieron una maniobra envolvente que las llevó a dirigirse hacia el oeste unos kilómetros para atacar la ciudad por el sur) me han hecho desviarme de mi ruta cuando ya Castellón estaba a punto de aparecer en el horizonte. Después de tantos kilómetros y tantos días de camino, bien puede esperar un poco a que llegue a ella.

Villafamés, el pueblo al que me dirijo, surge en seguida en lo alto de una montaña tan impactante como lo imaginaba. Parece estar donde está para asombrar a los forasteros que lo contemplamos por primera vez. Porque no es sólo su color rojizo, es también su emplazamiento, claramente defensivo, al revés que el de Cabanes, más confiado y expuesto al enemigo que se aproxima. Villafamés, como Morella, aprovecha una elevación rocosa para dominar los campos de su pertenencia y controlar desde allí cualquier movimiento extraño. Aunque desde hace ya mucho los únicos movimientos sospechosos son los de los turistas que lo visitan como esta tarde yo y que de extraños tienen bien poco: todos dejamos nuestros vehículos en la parte baja del pueblo, todos subimos hacia lo alto por la misma calle en zigzag y todos nos detenemos hacia la mitad de ésta a admirar la gran roca roja que, como un glaciar petrificado, cuelga de la ladera en medio del caserío y que es el símbolo del pueblo y su imagen más conocida. De hecho, todos los visitantes se fotografían delante de ella asombrados por su color y su gran volumen y sorprendidos de que no se haya acabado de desprender del todo como amenaza. Porque más que una roca parece una enorme lengua de lava geológica que se hubiera quedado inmóvil en algún momento de su desprendimiento y desde entonces siguiera donde se detuvo.

—Y le falta un trozo —me dicen dos señoras señalando los cortes en la roca, las cicatrices que dejaron los canteros que a lo largo de los siglos se sirvieron de ella para construir las casas de Villafamés.

—O sea, que era más *grossa* aún... —les digo enfatizando la palabra catalana para que vean que sé cómo se dice *grande* en su lengua.

—Eso dicen —me responden las señoras al tiempo que me recomiendan pedirle tres deseos a la roca, de los cuales sólo se me concederá uno, me avisan.

—¿Sólo uno?

—Sólo uno. Pero tiene que pedir tres. Si no, no le concede ninguno. —Sonríen las señoras antes de proseguir su paseo.

Obediente, pido los tres deseos que me recomiendan mientras acaricio la superficie de la roca, que está caliente por el sol. Es del mismo color que el caserío, pues todos los edificios están hechos con la misma piedra, los últimos y más altos la iglesia y un palacio reconvertido en museo y el castillo en torno al que surgió Villafamés. Desde él se contempla un paisaje maravilloso, de grandes sierras al fondo y campos de cultivo alternados con naves industriales y con pueblos que la luz de la tarde llena de ensoñación y misterio aunque ninguno brille como Villafamés, que parece enrojecer cada vez más con la caída lenta del sol. Miro hacia el norte, de donde vengo, tratando de adivinar por dónde estará Morella. Miro al oeste, hacia Peñagolosa, la montaña tras la cual queda Teruel, donde estuve hace seis meses, que me parecen ya muchos más por todo lo que he visto y recorrido desde entonces. Miro hacia el sur: la sierra de Espadán, donde terminaré este viaje, se alza majestuosa como una Muralla china ensombrecida por el atardecer, que llega. Miro hacia el este: aunque desde aquí no los puedo ver, detrás de los montes que envuelven a Villafamés están Castellón y el mar esperándome desde que salí de Zaragoza. No les haré esperar mucho más, pues yo también estoy deseando llegar a ellos. De camino, además, sé que atravesaré una línea invisible que parte en dos este territorio que mi padre cruzó en circunstancias muy diferentes, sin poder disfrutar de él como yo. En la guerra no hay poesía pese a que la poesía brote de estos paisajes llenos de magia y belleza que el color de la piedra de Villafamés acentuaría también en aquellos días, pero que imagino entonces sembrados de aviones y de soldados avanzando entre explosiones y disparos, no como hoy, que todo está en paz.

—¿Pidió los tres deseos? —me preguntan las vecinas con las que hablé al subir cuando las encuentro, recordándome su recomendación.

—¿Eran tres? —les digo con una sonrisa, ya que se lo pregunto en broma.

—Sí. Pero sólo se cumple uno —me repiten.

—Pues entonces que sea el primero de los tres —les digo dejándolas con las ganas de saber cuál es ese deseo.

Cuando llego abajo, donde está mi coche, el sol se pone justo detrás de Villafamés. El pueblo entero queda en semipenumbra mientras el cielo se incendia sobre el castillo aún más de lo que ya estaba. Por suerte, no es la guerra la que lo llena de sangre y fuego sino el resplandor de un sol que busca su descanso tras la sierra de Espadán, tan oscurecida ya como las demás.

Junto a la Puebla Tornesa, por donde vuelvo a pasar, el meridiano de Greenwich sigue dividiendo el mundo, pero ya no parte un país en dos como cuando mi padre pasó por aquí hace hoy ochenta y seis años justos.

Tempus fugit

Por fin la Plana de Castellón aparece frente a mí reverberante como un gran delta lleno de verde y de construcciones; un verde intenso de naranjales y de cipreses y un mar de construcciones que hacen difícil saber dónde termina la huerta y dónde empieza la ciudad. Fundidas ambas en el atardecer, cuesta distinguir la una de la otra como cuesta diferenciar, al fondo, el cielo del mar, que ya se adivina detrás de los edificios. El final de mi viaje está cada vez más próximo.

La víspera de su entrada en Castellón, el general Aranda, al mando del Cuerpo de Ejército de Galicia, que desde que cruzó los puertos de Morella llevaba el peso de la ofensiva de Levante (el de Castilla del general Varela aún luchaba por abrirse paso a través del Maestrazgo y la agrupación de García Valiño, que se había dirigido en un principio hacia el sur de Cataluña, aún venía de camino), transmitió a sus subordinados las siguientes instrucciones: «1. La orden para verificar la entrada en Castellón será dada por el General Jefe de la División 83. 2. La única fuerza que entrará en la Plaza formará una columna a las órdenes del Coronel Alonso de la Riva, designado Comandante Militar. 3. Dicha columna estará formada así: un Batallón de la 83 y otro de la IV.ª a designar por los Jefes de División respectivos y dos compañías de la Guardia Civil al mando de un Comandante. 4. El General de la 83 indicará al de la IV.ª y al Comandante de la Guardia Civil el lugar de concentración de las fuerzas antes mencionadas para entrar en la Plaza. 5. Una vez entradas en la población y montados todos los servicios acamparán precisamente fuera de la Plaza, teniendo a su cargo el Batallón de la División 83 la protección del Puerto». Es fácil imaginar el nerviosismo que todos los soldados debían de sentir en aquel momento sabiendo que Castellón, la ciudad que ya divisaban enfrente de ellos como yo ahora desde mi coche mientras conduzco, podía estar llena de peligros, pues no estaba nada claro si el Ejército de la República la había abandonado o permanecía en ella. Los rumores en las guerras van y vienen y uno no puede fiarse de nada por más que digan los que las dirigen. Como a las puertas de Teruel, mi padre y su amigo y compañero de aventuras Saturnino seguramente temieron que lo que podía significar el final de éstas, al menos durante algún tiempo, fuera a ser también el de ellos mismos. Las noticias que llegaban de Castellón a través de los prisioneros o desertores del ejército enemigo hablaban de una población desesperada y de unos soldados republicanos que iban a luchar hasta el final si sus mandos los obligaban a resistir allí.

La toma de Castellón, al decir de los historiadores, fue tan sangrienta como confusa y supuso la muerte de muchas personas, no sólo entre los combatientes de ambos ejércitos sino de civiles que, en la confusión de los primeros momentos, creyeron que el Ejército de Franco ya estaba dentro de la ciudad y colgaron banderas nacionalistas de los balcones, sufriendo por ello las represalias de elementos republicanos en retirada que, enfurecidos por la derrota, incluso llegaron a arrojar bombas dentro de los refugios antiaéreos según se contó. Verdad o no, lo cierto es que hoy cuesta imaginar esos sucesos y más a la luz de este atardecer de junio que dora todo el paisaje que tengo a mi alrededor, incluidos los edificios de Castellón, que ya empiezan a dominarlo todo. Poco a poco, voy entrando en la ciudad a la que mi padre y sus compañeros tardaron en llegar varios meses y después de pasar por infinitas calamidades y peligros. Entonces Castellón apenas tenía treinta y seis mil habitantes y hoy se acerca a los doscientos mil. Nada que ver, por lo tanto, el Castellón al que mi padre llegó tal día como hoy de hace ochenta y seis años y el que yo voy descubriendo a medida que me adentro por sus barrios más modernos, que ocupan ya enormes zonas de la campiña, invadida por el crecimiento de la ciudad y de otras poblaciones limítrofes como Villarreal. Pero no es sólo su gran tamaño lo que diferencia al Castellón actual del que mi padre y sus compañeros encontraron cuando por fin pudieron entrar en la entonces modesta capital agrícola de una Plana llena de vegetación y de naranjales, no como hoy, que cada vez está más edificada y sembrada de fábricas y chimeneas. Lo que diferencia principalmente al Castellón actual del de entonces es la ausencia de disparos y explosiones y de cadáveres abandonados por las aceras que las fotografías de aquellos días del mes de junio de 1938 nos muestran en los libros y la memoria de los vecinos más viejos recuerda aún. Hoy, la gente viene y va tranquilamente de un sitio a otro animada por el fin de semana que ha comenzado y por la buena temperatura que hace a esta hora. La primavera mediterránea está en todo su esplendor y nadie recuerda tiempos ya idos y mucho menos los que llenaron la ciudad de destrucción y de muerte. Ochenta y seis años son muchos años, como recuerda en una rotonda camino del centro urbano la escultura de un reloj de pulsera gigantesco con la leyenda latina grabada en un lateral: «*Tempus fugit*».

¡Y vaya que si huye el tiempo! Lo comprobaré en seguida cuando, después de dejar mis cosas en el hotel Mindoro, cerca del centro, y de darme una ducha para desprenderme del polvo de las carreteras que he recorrido en todo este día, me echo a la calle, ya anochecido, para visitar la ciudad y cenar algo ligero antes de retirarme a dormir, y me adentro en la noche castellonense, que está en plena ebullición, comprobando que la mayoría de los que llenan los bares y restaurantes de Castellón son más jóvenes que yo. No es que ya no recuerden la Guerra Civil, es que ni siquiera sus padres les habrán hablado de ella, puesto que no les tocó vivirla, por lo que no tienen que sentir ningún arrepentimiento por no haberlos escuchado ni por ignorar lo que en su ciudad sucedió durante su transcurso. El tiempo ha huido y Castellón ha olvidado la tragedia que sufrió, por suerte para sus vecinos actuales, sobre todo los más jóvenes. Que son esta noche los dueños de la ciudad y aun del mismo mundo que no lejos de aquí, en la llamada Marjalería, a mitad de camino entre Castellón y el Grao, dos líneas imaginarias, la del meridiano de Greenwich y la del paralelo 40, parten en cuatro gajos como si fuera una gran naranja de las que crecen en esta tierra.

—¿Sabe ya lo que va a querer?

—Ojalá lo supiera —le digo a la camarera de la terraza del Estraperlo, que me mira con curiosidad. Seguramente piensa que me he equivocado sentándome en este bar.

—Tranquilo, no tengo prisa —me responde la muchacha, que no tendrá más de veinticinco años.

Suyo y de los que me rodean es el mundo.

Guerra y paz

La noche de Castellón se prolongó más de lo que imaginé, pues la temperatura invitaba al paseo tanto como la consciencia de haber llegado al final de un viaje que comenzó hace seis meses y a ochocientos kilómetros de aquí; o, mejor: hace ochenta y seis años, pues mi viaje es la réplica del que mi padre hizo por culpa de la guerra. El de él fue involuntario, al revés que el mío, si bien éste sea su consecuencia. De no haber sido por el suyo mi viaje nunca se habría producido.

Este y otros pensamientos parecidos me acompañaron anoche mientras me dormía después de pasear por Castellón hasta muy tarde y lo vuelven a hacer ahora mientras desayuno en el kiosco con terraza de una plaza vecina del hotel en compañía de una paloma que ha venido a posarse sobre mi mesa; se ve que está acostumbrada a hacerlo. El kiosco, decorados sus cristales con naranjas modernistas al estilo de la estación del tren de Valencia, me recuerda que estoy en el Mediterráneo, mientras que la paloma desmiente el motivo que me ha traído hasta aquí. Posada junto al libro *Las últimas horas del ejército republicano en Castellón*, que hojeo mientras desayuno, parece el dibujo que alguien hubiera hecho para la portada del que que yo escribiré cuando regrese a Madrid: guerra y paz. Sólo falta que alguien fotografíe la escena.

Pero estoy solo. Lo estoy desde que salí de Zaragoza, al contrario que mi padre y su amigo Saturnino, que iban juntos y a los que imagino ahora deambulando hace ochenta y seis años por una ciudad que esta mañana estalla de limpia, con sus calles y jardines resplandecientes bajo la luz de la primavera, y que ellos encontraron llena de escombros y de cadáveres producto de la destrucción de varios días de asedio y de bombardeos. Imagino también estas avenidas llenas de gritos y de consignas, con los soldados franquistas eufóricos y triunfantes gritando vivas a España y profiriendo exabruptos mientras algunos civiles los vitoreaban y otros se escondían en casa temerosos de lo que pudieran hacer, al revés de lo que esta mañana sucede, con la gente disfrutando del buen tiempo y del sábado, los que no trabajan. Que son la mayoría, a lo que se ve, pues las terrazas de los cafés están llenas, así como los comercios, en los que entra y sale gente continuamente. Nada recuerda ya en Castellón las imágenes que las fotografías del libro que leía hace un instante en la terraza del kiosco de la plaza de la Paz (¡qué casualidad su nombre!) inmortalizaron para la posteridad y que dan una idea de cómo quedó esta ciudad después de varios días de asedio. Ahora lo único que asedian los castellonenses y los turistas que han venido de visita desde las poblaciones de la costa son los puestos del mercado, junto a los que a la vez almuerzan docenas de personas en las mesas que hay dispuestas a lo largo de los pasillos. Y digo almuerzan y no desayunan porque, aparte de la hora, que ya es tardía, lo que comen muchas de esas personas no es propio de un desayuno: tortillas de patata, albóndigas, sardinas... Se ve que los castellonenses gozan de buen apetito.

La algarabía de los comensales se mezcla con la de los vendedores de los puestos y de sus clientes en una estampa que recuerda mercados de otros países mediterráneos, si bien su limpieza y disposición nada tengan que ver. Abierto a dos plazas contiguas, la de Santa Clara y la de la catedral, es un lugar de paso para los castellonenses, para los que su mercado es una calle más. Especialmente los sábados, que aprovechan para hacer la compra pero también para encontrarse con amigos y vecinos. Después de atravesar la mitad de la provincia de Castellón viendo a tan poca gente como vi ayer, agradezco esta animación por más que no sea muy aficionado al ruido.

La animación continúa en la plaza Mayor, a la que salgo cruzando el mercado, que anoche, cuando llegué, estaba cerrado lógicamente. La plaza Mayor de Castellón, el centro y corazón de la ciudad, con el edificio del ayuntamiento en un extremo y el de la concatedral al otro (uno de estilo neoclásico, con tres alturas, y el otro gótico o neogótico) y la torre exenta de ésta en el medio, está ahora también llena de turistas y de castellonenses que disfrutan del buen tiempo sentados en los bancos o paseándola sin ninguna prisa. Si la felicidad se pudiera pintar sería esta plaza de Castellón en la que todo parece flotar en el espacio: el sol, los edificios, los pájaros, las nubes... Y pensar que en ella, hace hoy ochenta y seis años, la muerte y la destrucción lo dominaban todo junto con las proclamas y gritos de los soldados que iban y venían enarbolando banderas y disparando sus armas en señal de victoria mientras se seguía escuchando el ruido de los aviones y de las explosiones hacia Villarreal.

Por suerte, de la torre del Fadrí, como los castellonenses llaman a la de la concatedral, una suerte de faro octogonal de muchos metros de altura, ya no cuelga ninguna bandera y las que ondean en el ayuntamiento lo hacen de modo pacífico, lo que en seguida me hace olvidar aquellas escenas que me han traído hasta Castellón para encontrarme con una ciudad luminosa y en paz. Como la sonrisa de la chica que guarda la escalera del Fadrí, abierta para los turistas y para todo el que quiera ver la ciudad desde arriba, desde el que durante mucho tiempo fue el edificio más alto de Castellón, si bien haya sido ya superado por algunos nuevos. Castellón ha crecido tanto, lo mismo en horizontal que en vertical, que el Fadrí hoy ya no domina la ciudad como hizo durante siglos.

—¿Qué significa Fadrí?

—Fadrí es 'soltero' en valenciano. Como está solo... —me explica Mar, la chica que vende los billetes a la entrada de la torre.

Cuesta subir hasta arriba. A sus cincuenta y ocho metros de altura y sus doscientos peldaños de piedra hay que sumar la estrechez del espacio, que dificulta el paso entre los que suben y bajan cuando se encuentran. Menos mal que a cada tramo se abre un espacio lateral que permite descansar un poco. Son cuatro: la cámara del reloj, cuya maquinaria parece la invención de un loco, tal es su complejidad; la cárcel de los eclesiásticos, hoy ya sin uso afortunadamente; la vivienda de los campaneros, también vacía porque ya no hay, y por fin, en lo más alto de todo, la sala de las campanas, desde la que se contempla Castellón entera. Castellón y media provincia. No es de extrañar que éste fuera el lugar de vigilancia principal en la Guerra Civil y que de él colgaran su bandera en señal de victoria los militares franquistas cuando tomaron la ciudad.

—Mira: aquél es nuestro edificio. —Le señala entre los muchos que se avistan hacia el norte un hombre joven a su mujer. Han subido conmigo hasta aquí arriba acompañados por otros amigos y varios niños, ellas maestras de escuela por lo que comentan.

Al norte se ven también los montes del desierto de las Palmas, mientras que hacia levante el mar recorta las grúas del Grao, que está ya a tiro de piedra. Hacia el oeste y el sur, en cambio, la ciudad se desparrama por la Plana que le da apellido hasta chocar a lo lejos con las sierras de Espadán y del Maestrazgo, tan próximas a la vez por lo definidas. Desde este observatorio alguien debió de seguir día a día la evolución de la guerra y el curso de los combates que se libraron en la provincia de Castellón hasta la caída de su capital. Incluso después de ésta, la torre-campanario del Fadrí siguió siendo el mejor observatorio militar para seguir las batallas aéreas que se libraban sobre la sierra de Espadán en el ataque que prosiguió a la ofensiva de Levante con intención de alcanzar Valencia y que mi padre y Saturnino recordaron con horror mientras vivieron, pues fue el momento en el que más cerca estuvieron de morir.

Desde abajo, sin embargo, la visión de la guerra fue muy diferente. Que se lo pregunten, si no, a los curas de la concatedral de Santa María, que acabó destruida por completo pese a que su reconstrucción en la posguerra engañe a muchos turistas, que creen que es la iglesia original (según las guías, sólo sus tres puertas lo son, el resto es todo nuevo, incluidos las imágenes y el coro), o a los sueños de esos edificios que hoy lucen como si fueran nuevos pero que también sufrieron los daños de la contienda en mayor o menor medida: el propio ayuntamiento, el Teatro Principal, el conocido como Casino Antiguo, un palacete con una torre rectangular que parece haber sido pintado esta mañana para mí, o el modernista edificio de Correos y Telégrafos, obra del arquitecto que hizo la estación del tren de Valencia. Frente a él, bajo la plaza de Tetuán, un gran refugio antiaéreo, uno de los cuarenta y tres refugios públicos y doscientos treinta y siete privados que llegó a haber en Castellón, muestra, como en Alcañiz, cómo se vivió la guerra por debajo de la superficie. Tras descender setenta escalones, uno se encuentra con tres pasillos de hormigón perfectamente conservados, tanto como para creer que ha viajado en el tiempo a la Guerra Civil. Las fotos de los bombardeos y los testimonios de quienes los vivieron ayudan a que esa creencia sea más que una impresión: «Tocaba la sirena del Fadrí; si tocaba una vez era de avión y, si lo hacía cinco veces, de barco...», «En la primavera del 38, las sirenas sonaban hasta treinta veces al día. Los últimos días ya ni bajábamos a los refugios de tantas veces que sonaba la sirena. En un día bombardeaban cuatro o cinco veces...», «El abrazo que recibí de mi abuelo al encontrarnos me quitó la mitad del miedo que tenía; la otra mitad la he cargado más de sesenta años. A lo largo de toda mi vida no he podido escuchar una sirena de una fábrica, una ambulancia o un coche de policía sin que se me pusiera la piel de gallina...», son algunos de esos testimonios que dicen en valenciano en una película que se reproduce en bucle ancianos que tuvieron la desgracia de vivir los bombardeos de la guerra siendo niños. Otros ni siquiera pudieron contarlo: según las estimaciones que se muestran en un gráfico a la entrada del refugio, durante los cuarenta y cuatro bombardeos que al parecer sufrió Castellón en la guerra, cuarenta a cargo de la aviación franquista y cuatro de la republicana después de la toma de la ciudad por los sublevados, cerca de doscientos castellonenses murieron, la mayoría de ellos civiles. Ése es el saldo de una matanza indiscriminada que para otros era anecdótica: «España me brindó la oportunidad de poner a prueba a mi joven fuerza aérea y de que mis hombres adquirieran experiencia», declaró el dirigente nazi de la Luftwaffe, la aviación de guerra alemana, Hermann Goering ante el tribunal de Núremberg, según recoge un cartel bajo una foto aérea de Castellón tomada desde un avión alemán en el momento de su bombardeo. «Parece mentira que estas cosas hayan pasado en España», le dice una chica joven a su pareja mientras miran a mi lado la película en la que ahora una anciana castellonense, quizá ya fallecida por su edad, sigue evocando para nosotros: «Cuando empezó la guerra, los aviones no paraban de bombardear. Durante los bombardeos la alarma no paraba de sonar, a veces no sabíamos si era alarma o desalarma, porque tocaban muy rápido y las personas iban corriendo desorientadas. Además, cuando comenzaba a sonar la alarma, los aviones ya estaban bombardeando...».

—Un zumo de naranja, por favor —le pido, ya sentado en la terraza de la plaza de Tetuán, bajo la que está el refugio antiaéreo, al camarero que se ha acercado a atenderme. Después de lo que he vivido ahí abajo necesito volver al presente.

Sobre mi mesa hay un sifón antiguo que en seguida veo que se repite en todas las mesas de la terraza. Contiene agua y lleva una etiqueta con la leyenda «Como antes», que resulta ser el nombre del bar. Menos mal que sólo es un deseo, pienso mirando a mi alrededor y observando los juegos de los niños en la plaza y la paz que el aperitivo provoca entre los clientes de la terraza. La misma paz que encontraré a continuación en el cercano parque de Ribalta, el decimonónico jardín en el que desemboco buscando la cerámica de la que Castellón presume y que, junto con el turismo, es la fuente principal de su economía hoy. La de Ribalta es antigua, como otra que hay dispersa por toda la ciudad, y sobrevivió milagrosamente a la guerra, pues es material muy frágil. Por suerte se conservan varios bancos revestidos con azulejos desde los que contemplan el jardín algunos vecinos para los que el aperitivo no es ninguna tentación. Prefieren estar sentados a la sombra de estos árboles frondosos que adornan la primavera castellonense llenando el aire de frescor y acogiendo entre sus ramas a esos pájaros cuyos gorjeos alegran el oído tan dañado por el ruido de los coches y las voces de la gente más atrás. ¿Cómo imaginar que en este oasis de paz se libraron combates en la guerra como en todo Castellón y que bajo los árboles y entre los setos quedaron los cadáveres de muchos contendientes y civiles a los que unos u otros dieron el tiro de gracia cuando trataban de huir? Escuchando este silencio y contemplando la belleza de este sitio que los bancos de azulejos colorean entre el verde de la fronda es imposible no sucumbir a la tentación de pensar que la guerra es una ficción y que es la paz el estado natural de las personas por más que nos empeñemos en conseguir que no sea así. Pese a que todos sepamos que es la guerra el motor de nuestra historia, no es un mal sueño olvidarlo y desear que la humanidad alguna vez cambie su rumbo.

—¿Desde León?... ¡Pues sí que ha venido usted desde lejos! —se sorprende el hombre junto al que me siento en un banco decorado con dibujos geométricos que permanecen como el primer día (luego sabré que los azulejos son copias, pero eso no importa mucho).

—Y sin que nada se me haya perdido en Castellón —le digo al hombre, que no sabe el motivo de mi viaje ni yo se lo voy a contar. La guerra queda tan lejos que es imposible hasta imaginarla.

El mar

El autobús que me lleva al Grao atraviesa Castellón de punta a punta dejando al lado sus edificios más relevantes (el Fadrí, la concatedral de Santa María, la antigua Lonja del Cáñamo, hoy un centro educativo o cultural) y luego hace lo propio con la pequeña faja de tierra que separa a la ciudad de su puerto, cuyas enormes grúas de carga se ven al fondo. Conocida como la Marjalería, la faja cada vez es más estrecha, pues Castellón no para de crecer, lo mismo que no dejan de aumentar las construcciones de todo tipo sobre ella. Pronto llegará el día en que Castellón y el Grao sean ya todo uno.

Pero, cuando mi padre y Saturnino viajaron hasta el Grao (no sé si caminando o en algún tipo de vehículo), la ciudad y el puerto estaban separados por cuatro kilómetros que además serían muy peligrosos, puesto que la guerra seguía en los alrededores de Castellón. Nada que ver con lo que este mediodía sucede, con el autobús lleno de domingueros que van al Grao a comer y a pasar la tarde, y la Marjalería, que desde las ventanillas es un paisaje confuso, pues los campos cultivados se entremezclan con la vegetación costera, exhalando una paz que acentúa la hora. Son las dos del mediodía y todo el mundo está ya en sus casas o en las arrocerías del puerto disponiéndose a comer.

El autobús me deja enfrente del mar, cuyo azul intenso deslumbra como debió de hacerlo a aquellos soldados que lo veían por primera vez. «¡El mar!», repetía Saturnino emocionado cada vez que recordaba ese momento muchas décadas después. Tras atravesar España de punta a punta arrostrando toda suerte de peligros y desdichas y sin haberlo visto nunca antes de ese día, el mar les debió de parecer un sueño y más después de dejar atrás Castellón, lleno de muertos y de desolación. Cómo no imaginar su emoción juvenil pensando en sus dieciocho años de vida en aquel momento y en su origen campesino al ver por primera vez el grandioso espectáculo de un mar que, como hoy, el sol resaltaría con su luz pese a que la guerra continuaba en sus límites. De hecho, todo el puerto estaba reventado por las bombas, como Saturnino también recordaba al evocar aquella mañana en la que, junto a mi padre, vino al Grao de Castellón a ver el mar, o los trajeron de vigilancia, nunca lo supe muy bien. Porque la guerra continuaba y al sur de Castellón proseguían los combates a los que los llevarían muy pronto para seguir su odisea de héroes de segunda fila.

Hoy todo aquello es historia ya y el Grao de Castellón muestra este sábado de primavera la animación de todos los sábados y domingos, con el Club Náutico y los restaurantes del puerto llenos de castellonenses y de turistas que han venido a comer al lado del mar y a bañarse luego. Separados por un muro de hormigón, el puerto y la playa del Pinar, que continúa hacia Benicasim, son la prolongación marina de Castellón y se nota. Pero es que, además, hoy el Grao comienza sus fiestas según delatan el escenario y los cientos de sillas alineados en el muelle principal, por lo que la animación es todavía mayor. Hoy se proclaman la reina y su corte de honor, que es el acto que inaugura los quince días de celebraciones en honor de san Pedro Apóstol, según me explica una de las personas que se afanan en prepararlo todo, pues quedan ya pocas horas para su inicio.

El hombre se va a atender a una novia que acaba de llegar a hacerse fotos (sus amigas la retratan divertidas con sus móviles, todas vestidas de boda naturalmente, entre los centenares de sillas vacías) y la escena se convierte de repente en felliniana, pues se produce un doble espectáculo: el de la fotografía y el de la novia, que posa exagerando el gesto. Aunque la fotografía mejor sería lo que yo podría hacer desde donde estoy, con las amigas de espaldas alineadas con sus ropas vaporosas ante ella como si fueran fotógrafas de verdad. Detrás, los mástiles de los yates del Club Náutico le dan a la escena un glamour extraño, como de película hollywoodiense. ¡Qué distinto este lugar del que debieron de ver mi padre y su amigo Saturnino cuando llegaron aquí en plena guerra! A tenor de las imágenes que se conservan del Grao en aquellos días, todo este muelle estaba lleno de cascotes fruto de los bombardeos que sufrió desde el aire y desde el mar. Y lo mismo sucede con los barcos, que aparecen hundidos en su mayoría, ya que la aviación franquista se cebó con ellos. Los testimonios de los que vivieron aquellas jornadas dan fe de lo que sucedió. Así que no es difícil imaginar el estado de toda esta explanada que hoy ocupan las sillas dispuestas para la fiesta de la noche y de las construcciones que la rodean, incluido el viejo faro, hoy ya un mero elemento decorativo. Como los restaurantes y los bares del entorno, todo parece ya aquí al servicio del turismo, pues de la pesca vive poca gente. Sí, en cambio, de la industria petroquímica y de transporte y carga del puerto, cuyas grúas y chimeneas se alzan al fondo detrás de la larga lonja que lo separa del puerto deportivo y del de los pescadores.

Es la hora de comer. El Grao está lleno de terrazas en las que se arraciman familias y grupos de amigos que celebran que hoy es sábado, y yo no voy a ser una excepción. Me trajo aquí el deber moral pero me arrepentiría si no terminara mi viaje celebrando su final, algo que a Saturnino y a mi padre les gustaría que hiciera sin duda. Ya que ellos no pudieron celebrar el fin del suyo (que ni siquiera terminó aquí, pero ésa es ya otra historia), que al menos yo lo haga en su memoria y qué mejor forma de hacerlo que tomando un arroz del *senyoret*, ese que antiguamente sólo comían los señoritos, de ahí su nombre, mientras contemplo el Mediterráneo enfrente, un cristal de tan azul en esta mañana en la que la luz estalla como un limón abierto sobre el Grao de Castellón. ¡El mar!, exclamo para mí recordando los ojos vivos y emocionados de un Saturnino ya anciano al evocarlo a la sombra del peral bajo el que se sentaba todas las tardes después de dormir la siesta, en el huerto de delante de su casa, y que fue su último confidente, fallecido ya su amigo y compañero de aventuras, el único que podría contarlas, que era mi padre. Para él, decía siempre, un hermano. No me extraña, con lo que pasaron juntos.

Final en la sierra de Espadán

De todas las aventuras que compartieron en la guerra mi padre y Saturnino la que más veces yo escuché de labios de los dos fue la que aún habrían de vivir cuando ya pensaban que los devolverían a casa tras alcanzar las tropas de Franco el Mediterráneo, el último objetivo de su avance cuando partieron de Zaragoza.

¡Pobres ilusos! Cuando ya consideraban que, en efecto, su viaje al frente se había acabado y contaban los días para iniciar el de retorno a sus casas (aunque la guerra continuaba ya no era cosa de ellos), su regimiento recibió la orden de dirigirse hacia el sur de Castellón, hacia la sierra que separa la provincia castellonense de la de Valencia, en la que se habían atrincherado las tropas republicanas en retirada de Castellón para impedir el avance de las franquistas hacia la ciudad en la que la República había establecido su gobierno tras huir de Madrid dos años atrás. La sierra de Espadán, una espina montañosa que desciende hasta el mar desde Teruel separando las provincias de Valencia y Castellón, era ya el último dique de contención de un ejército diezmado y desmoralizado tras las últimas derrotas pero obligado a luchar hasta sus últimas fuerzas si no quería ser arrastrado a su destrucción total y definitiva. Así lo hizo, amparado en la fragosidad del terreno y en las fortificaciones que, mientras resistía en Castellón y en todo el territorio provincial durante meses, un ingeniero militar, el coronel Manuel Matallana, diseñó como última trinchera y que, aunque bautizada con las siglas XYZ en alusión a su condición de última, pasó a la historia con el nombre de su creador: la Línea Matallana.

En dirección a ella, sin haber oído su nombre ni saber de su existencia y mucho menos de su dificultad, se dirigieron un día del mes de julio mi padre y Saturnino junto a sus compañeros de batallón (mi padre y Saturnino con la radio a sus espaldas y sus compañeros con los fusiles que portaban desde que empezó la guerra) atravesando estos campos de naranjos y palmeras que se extienden entre Castellón y Onda, entonces destrozados por las bombas y por los incendios que las sucedían pero hoy llenos de exuberancia y salpicados por construcciones de todo tipo, fundamentalmente fábricas de cerámica, que son la principal riqueza de la región. Desde la comodidad del coche, por las autopistas nuevas, cuesta imaginar aquel territorio en llamas y el calor abrasador que mi padre y Saturnino recordaban con horror muchos años después de padecerlo (como el frío de Teruel, se les quedó metido en el cuerpo y con él se fueron al más allá), pues hoy el mundo está en paz y la temperatura es suave y primaveral. Nada que ver con la que ellos padecerían durante las tres semanas que hubieron de combatir en el Espadán en condiciones tan peligrosas como penosas, ya que el terreno no ayudaba a luchar precisamente, y menos a las tropas atacantes, que se enfrentaban a un terreno irregular y muy agreste bajo el constante fuego enemigo, cuyas fuerzas ocupaban las alturas de la sierra.

La toma de Bechí, la población a la que llego y encuentro casi desierta, pues son las seis de la tarde de un sábado de verano, le costó, por ejemplo, al Ejército nacional centenares de muertos, cuyos huesos, mezclados con otros de republicanos, aparecen todavía de cuando en cuando por los montes, como sucede en toda la zona, desde la Vall de Uxó, ya cerca de la costa, hasta más arriba de Onda. Todo el frente de la sierra de Espadán fue el primer foco de la batalla y donde más soldados franquistas murieron en su intento por penetrar en la sierra, lo que no impide que hoy la gente viva ya ajena a ello, como les pasa a las treinta o cuarenta personas, jóvenes en su mayoría, que en el bar de la plaza de Bechí contemplan en la televisión un partido de fútbol que se disputa a esta hora. En Onda, en cambio, a pocos kilómetros, son las vaquillas las que entretienen hoy a la muchachada, puesto que son las fiestas del pueblo. En varias calles cerradas con talanqueras se suceden las carreras de los jóvenes y de las vacas que los persiguen en una escena tradicional en todo el Levante y que remite a tiempos pretéritos: aquellos en los que los españoles se perseguían unos a otros para matarse por estos montes de alrededor y no como un juego. En la cafetería en la que tomo un refresco, en la parte alta de Onda, una pequeña ciudad más que un pueblo ya, pues ha crecido con la cerámica y otras industrias, el periódico local publica la noticia de un nuevo hallazgo de la guerra en algún lugar de estos montes: los restos de dos soldados del Ejército nacional a tenor de las chapas de identificación. ¡Y hace ya ochenta y seis años de la batalla! Mientras paseo por Onda, cuyo castillo corona las viejas casas de su casco antiguo, pienso que esos soldados cuyos restos acaban de encontrar en la montaña podían haber sido mi padre y su amigo Saturnino si la suerte y su picardía no les hubiesen salvado la vida en aquellos momentos. Y recuerdo lo que ambos me contaron, cada uno a su manera pero los dos manteniendo el secreto, y que fue su hazaña bélica más importante, puesto que les sirvió para sobrevivir. En algún lugar de esta sierra que veo enfrente, con cuarenta grados de temperatura y las bombas enemigas cayendo sin cesar en torno a ellos, uno, nunca sabré ya cuál de los dos, le pegó una patada a la radio con la que el capitán al que acompañaban se comunicaba con su superior dejándola inservible, lo que los eximió de seguir avanzando al lado de aquél y les sirvió para escapar con vida del infierno, pues infierno era lo que vivía su unidad en aquellos días, según contaban, desde que sus superiores la obligaron a avanzar pese a que era imposible hacerlo y seguir con vida. «Caían las bombas por todas partes, caían compañeros continuamente junto a nosotros, era imposible seguir —recordaban Saturnino y mi padre muchas décadas después—, pero la orden era avanzar». Se la había dejado clara a su capitán el comandante del batallón cuando le dijo que era imposible: le apuntó con la pistola y le ordenó obedecer sin poner ninguna objeción. Aquella escena les dejó claro a los radiotelegrafistas que o hacían algo o morirían también con su capitán y toda la compañía, como terminó ocurriendo.

¿En qué lugar exacto se produciría esa escena? Desde el castillo de Onda, desde el que se domina toda la sierra de Espadán, contemplo las montañas tratando de imaginar en cuál de ellas sucedería la historia que mi padre y Saturnino me contaron varias veces recalcando los dos que había sido el peor momento de sus existencias. Porque, si los hubieran sorprendido rompiendo la radio en medio del bombardeo, allí mismo los habrían fusilado y, de no haberse atrevido a hacerlo, no habrían salido con vida. Así que no es de extrañar que el momento se quedara congelado para siempre en su memoria y que los dos guardaran celosamente el secreto de cuál fue el protagonista de la acción. Aunque, por la sonrisa de Saturnino cuando se lo pregunté varias veces sin conseguir que me lo desvelara cuando podía hacerlo sin miedo, sospecho que fue mi padre el que le dio a la radio aquella patada tan peligrosa como salvadora, pues gracias a ella pudieron seguir con vida. No fue un gesto de heroicidad, pero sí de inteligencia, propio de héroes de segunda fila como eran ellos, a los que nunca iban a condecorar ni a reconocer su valentía si morían, como sucedió con tantos. Y aunque se la reconocieran: ¿de qué les sirven a los muertos los honores si ni siquiera creen en la razón por la que van a la guerra a combatir contra otros pobres hombres como ellos, involuntarios héroes también de segunda fila?

De Onda a Segorbe, al otro lado de la sierra que el ejército de Franco no consiguió traspasar (después de dejar miles de muertos en el empeño, el contraataque enemigo en el río Ebro, que los republicanos cruzaron por sorpresa la noche del 24 al 25 de julio, obligó a sus mandos a detenerlo para enviar tropas en apoyo de las que ya combatían allí), la gente suele ir por la carretera que rodea el macizo montañoso, según me dice un hombre al que le pregunto, pero yo quiero honrar a mi padre y a sus compañeros, los muertos y los que se salvaron, y, tras consultar el mapa, decido cruzar en línea recta el Espadán, aunque ello me suponga internarme en un mundo solitario y misterioso, sin apenas pueblos salvo al principio y con el atardecer cayendo igual que caería en aquellos días del mes de julio de 1938 en los que mi padre, vestido de militar, trataba de avanzar con la radio a sus espaldas en medio de la artillería y de los gritos de los heridos sin saber si él iba a ser el siguiente. Con la radio del coche acompañándome con su música (la música de Mendelssohn que suena en este momento parece haber sido elegida para mí: «Mar en calma» y «Viaje feliz», dos poemas de Goethe, la inspiraron según comenta el presentador), voy recorriendo kilómetros, subiendo y bajando montes entre barrancos llenos de pinos y soledad, con las curvas sucediéndose sin fin y sin cruzar un coche en todo el camino. Cuesta pensar que en estos parajes ahora desiertos miles de hombres combatieran y murieran en un tiempo en el que la sinrazón se impuso en un país envenenado por el odio, como ahora vuelve a estarlo poco a poco por el empeño de unos españoles a los que se les ha olvidado, parece, nuestra historia reciente, tan reciente que la vivieron y la sufrieron nuestras familias, con nuestros padres y abuelos como protagonistas.

Tales, Alcudia de Veo, Algimia de Almonacid... ¿Cuántos recuerdos no guardarán estos pueblos serranos que atravieso con la tarde ya cayendo sin ver a nadie en sus calles vacías? ¿Cuántas historias no habrán callado sus gentes durante años mientras que las montañas desvelaban cada poco sus secretos en forma de metralla y de esqueletos? ¡¿Cuánto dolor cubre este paisaje mudo sobre el que el anochecer avanza al ritmo en el que yo lo hago sintiendo en el corazón el peso de un mundo que parece pesar hoy más que nunca en este lugar remoto en el que mi padre volvió a nacer?!

Por fin las luces de Segorbe surgen en la lejanía. Por fin la vida real y el presente me sacuden la nostalgia que durante todo el viaje que termina ahora me ha acompañado como a mi padre el miedo y la radio que aquí quedó para siempre como tantos soldados españoles. Por suerte él sobrevivió.

Epílogo

15 de julio de 2024.

Vuelvo a La Mata como cada verano. En el pueblo cada vez hay menos personas. Más casas pero menos personas.

En el cementerio, en cambio, cada día son más los nombres de los que se despidieron. Por el camino en cuesta que esta mañana de julio parece conducir al paraíso de tan verde y luminoso asciendo a ver a mi padre. El pequeño cementerio es un reducto de paz. La puerta apenas está sujeta con una cuerda de las de atar las pacas de hierba, prueba de que los vivos no les temen a los muertos, sus familiares al fin y al cabo. Traspasada la entrada, me recibe de frente la tumba de mi padre, de la que me despedí hace seis meses, una mañana fría del mes de enero. Entre medias, he recorrido cientos de kilómetros buscando su recuerdo por los paisajes por los que pasó junto a su amigo Saturnino, al que acabo de saludar al pasar frente a Aviados, su pequeña aldea; también él duerme ya el sueño eterno y final. Miro a mi alrededor: los muertos de La Mata duermen el suyo, cada uno en su sepultura y bajo su nombre. Nadie diría que éste es un sitio triste y menos esta mañana, con el sol brillando en lo alto y los pájaros cantando su música veraniega. En silencio, para no interrumpir su sueño, me agacho ante mi padre y le digo lo que pienso:

—Fui y volví.

Sobre las montañas pasa un avión.

Postales de viaje

Cementerio de la Mata de la Bérbula (León)

Antiguo colegio de los Maristas de Carrión de los Condes (Palencia)

Abandonada línea férrea de Valladolid-Ariza

Estación de La Rasa (Soria)

Estación de tren de Caminreal (Teruel)

Trincheras en Rubielos de la Cérida

Camino del Cerro Gordo, entre Celadas y Concud

Pozos de Caudé

Teruel. Plaza del Torico

Zaragoza

Las ruinas de Rodén

Alcañiz

Escuela de guerrilleros de La Cerollera

Cementerio de Morella (Castellón)

Refugio antiaéreo

El Grao de Castellón

Índice

Este libro se terminó
de imprimir en
Casarrubuelos, Madrid,
en el mes de
enero de 2026